ミニマリスト、41歳で4000万円貯める

そのきっかけは
シンプルに
暮らすことでした。

森秋子
Akiko Mori

KADOKAWA

はじめに

みなさん、こんにちは。現在41歳、非常勤職員として働いたり、ブログを書いたり、ちょっとしたバイトをしたり、主婦をしたり、そんな毎日を送っている森秋子と申します。

25歳のときに、東京23区内に中古マンションを買い、住宅ローンを30歳前に完済。今は夫と子どもと猫2匹、そしてベランダにいる亀と暮らしています。30代の半ばで「ミニマリストになりたい秋子のブログ」をスタートし、シンプルな暮らしの楽しさについて発信してきました。私のミニマリスト生活については、これまでに出版した2冊の本に詳しく書いています。
今回の本では、お金にスポットライトをあてています。暮らしと切っても切れない関係の「お金」について、私なりに心を込めて向き合い、考えたことをまとめています。

ミニマリストという肩書きは「倹約家で無欲な人」というイメージを持たれがちです。でも実際の私は、倹約家でもなければ無欲でもなく、「こんなふうに生きていきたい！」「自分の人生を素敵なものにしたい！」という欲求を強く持って生きています。

そもそも私がミニマルな生活を始めたのは「自分の人生にとって本当に大切なものは何なのか？」「ぐちゃぐちゃに複雑化した自分の生活を整えたい！」と感じたのがきっかけでした。

結婚して27歳で子どもを持った私は、いったんは仕事を退職。しかし、社会と隔絶されるかもしれないという危機感から、もがくような気持ちで医療系の資格を取るために専門学校へ入学しました。

子育てと学業の両立に押しつぶされそうになっていたこの時期、私の生活はまさにカオス。週6日が学校の授業で埋まってしまい、子育ても休みのないマラソン状態でした。

怒濤《どとう》の忙しさの中、やらなくてはいけないことは山積みで終わりが見えず、夫婦ゲンカをしない日はないほど。あらゆるものに忙殺されていた私の中に、生活をもっとシンプルにしなくてはこの先やっていけない、という思いが湧《わ》き上がり、試行錯誤の末にようやくたどり着いたのが、ものの少ないミニマルな暮らしだったのです。

こんな経緯でスタートしたミニマリスト生活は、幸せの見つけ方や日々の充実感といった素晴らしい効果はもちろん、予想以上に「お金」にまつわるメリットをもたらしてくれました。

シンプルに暮らすことは、どんな節約よりも我が家の家計に効果的でした。本当に「大切なもの」だけに囲まれる生活が、経済的な余裕につながり、カオスだった日常生活の中に安心感や優しさを取り戻せたのです。

ムダな買い物でものが増えて、散らかった部屋を片付ける…という悪循環から抜け出せたとき、自分がいかに、ものの管理に時間とお金を取られ、メンタルを削られていたかを実感しました。

ミニマルな暮らしで「自分の人生にとって本当に大切なもの」を守っていける、そんな予感もありました。

ミニマルな暮らしを続けながら思っていたのは「お金を貯めなくては」という切羽詰まった気持ちではなく、「自分の人生を素敵なものにしたい！」という切実な願いです。
その結果、41歳の現在、マンションの住宅ローンを完済し、4000万円の貯金を持つこともできました。

「自分の理想の生き方」を実現するためには、絶対にお金が必要、というわけではないと私は思います。お金は、人生の満足度に関わるひとつの要素でしかありません。湯水のようにお金を使える大金持ちでも、虚《むな》しい気持ちで日々を過ごしているなら、それは単なるムダ遣い。反対に、自分が満足できる毎日を送っているなら、それは豊かな人生だと言えるのではないでしょうか。

ここ数年、お金にまつわるトレンドはめまぐるしく変化していて、キャッシュレス決済やポイント還元、仮想通貨や老後資金などさまざまなトピックがニュースなどを賑わせています。そういった情報に振り回されすぎずに、心地よさや満足感を追い求めながらお金と上手に付き合っていくヒントを、この本に詰め込みました。

ミニマルな生活は、自分らしく生きるため、そして満足感のある充実した日々を送るためのひとつの手段です。あなたらしい「ミニマルな生き方」を見つけてみてください。

森　秋子

CONTENTS

第1章

ものを減らして、家を居心地よくする

第2章

日々のダラダラ出費を引き締める、買い物のコツ

第3章

「めんどくさい」が、家計と貯金を守る

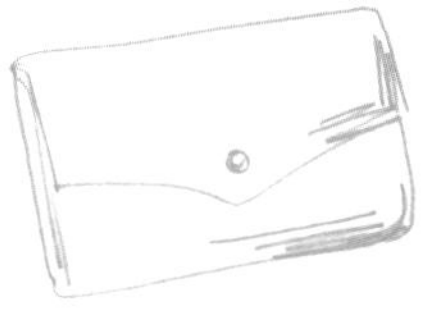

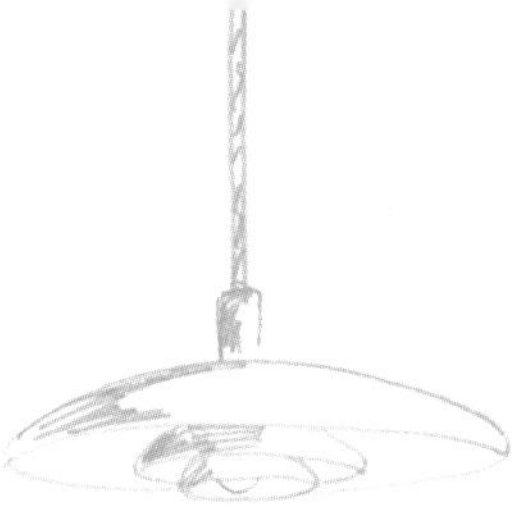

第4章

家族を愛しながら自由に暮らす

第5章

試行錯誤しながら進む、子育てとお金

序　章

ミニマリストとお金

お金の使い方は
生き様そのものだと思います。
私がお金と
どう付き合ってきたかを振り返ります。
ミニマルに暮らすことが、
家計の頼もしい柱になってくれました。

お金は生き方そのもの

この本を書くにあたって、私は自分の「人生」と「お金」の関わり合いを、あらためて見つめ直してみました。ミニマリストの私がどんなふうにお金と付き合ってきたのか、「シンプルに暮らす」ということと「お金を貯める」ということがどうやって繋がったのか、それが大きなテーマになると思ったからです。

そうやって振り返ってみて発見したのは、人生の大事な場面になると、お金が必ず顔を出してくる、ということ。ときには救世主のように、また別のときにはお金がなさすぎて困ることもありました。

お金について振り返ることは、自分の生き様を振り返ることになる。これは私にとって大きな発見となりました。

私は公務員の父母の間に生まれ、お年玉やお祝いでもらったお金は、小学校低学年の頃から父が私名義の通帳に貯金してくれていました。母はどちらかといえば、浪費家だったと思いますが、母も私のために貯金をしてくれていました。

そういう家庭で育ったからか、私自身も小さい頃から貯金をする習慣があり、コツコツと続けていた貯金は高校時代には50万円にまで大きく成長。この「貯金体験」は大人になった今でも、私の中に深く染み込んでいる気がします。社会人になってから20年間、ひたすらに定期預金を続けて4000万円という財産を築くことができたのも、子ども時代の「貯金体験」があったからこそ、と思えるのです。

◦初めてお金に直面した結婚式

20代で私が経験した大きなライフイベントは結婚と出産です。私と夫が出会ったのは大学生のときで、夫は学費を稼ぐためのアルバイトと授業で忙しい日々を送っていました。大学卒業後、私が24歳のときに夫と結婚しましたが、夫はまだ学生で、その頃はお金のない生活が当たり前でした。

初めてお金の問題に直面したのは、結婚式でした。300万円くらいは普通にかかると知っていましたが、そこまでのお金はありません。それでも2人の門出をみなさんに報告し、祝ってもらう場を作りたく、お金がない中で自分たちらしい式を挙げるために、いろいろ調べました。

そして、横浜にあるマリーンルージュというクルーザーの2階を借り切るパーティープランを選択したのです。オプションを何もつけずに、アルコール抜きのフリードリンク、コース料理と、花と演奏だけをお願いしました。アルコールは最初の乾杯のシャンパンだけ。おじから飲めなくて辛かったと言われましたが、いつも飲みすぎちゃうから良かったです（笑）。ウエディングドレスも、気に入ったものをネットで見つけました。5万円ほどだったと思います。

1人1万円の会費制で予算内で収まり、総額80万円ほどでした。クルージングしながらの和やかなウエディングパーティーでは、横浜の夜景がきれいで、海の上という特別感は格別でした。自分たちにできるスタイルで、私たちらしい式ができたと思います。

お金は金額の多寡《たか》ではなく、自分の思いを大切にしながら本当に欲しいものに使うと、満足度が高いということを身をもって知った気がします。

○将来の不安が大きかった20代

当時の夫はフリーランスで仕事をしていて収入が不安定。会社員として毎月お給料をもらえる形で働いていた私が、家計を支える大黒柱という気持ちでした。

お金のない夫との新婚生活は決して不幸なものではなく、当時も今も幸せな毎日を送っています。ただ、家事、子育て、仕事などさまざまな理由でケンカをする場面はもちろんありました。この時期の私には「この先どうしよう」「私が働けなくなったら困る」という金銭的な不安が強かったんだろうなと思います。

25歳で中古マンションを購入しましたが、それはお金に余裕があったからではなく、お金がない生活の行く末が不安だったからです。家を買ったほうがモチベーションも上がり、ローンを払い終えたら、自分たちの生活は確実にラクになると考えました。

夫はフリーランスでローンが組めないので、自分の名義で中古マンションを買いました。決済の日に夫は海外でしたので、一人で銀行に行ったことを覚えています。未知の世界に飛び込むような気持ちでのマンション購入でした。

○ミニマルな暮らしで変わった「お金の使い方」

27歳の出産を機に、私はそれまでの仕事を退職しました。その後、子育てをしたり、専門学校に通ったり、仕事に復帰したりという多忙で過酷な日々に振り回されながらたどり着いたのが、ミニマリストという生き方です。

「はじめに」で書いたように、本当にこうするしかない、というくらい追い詰められて生活のかじを切ったのが正直なところです。けれど、自分の生活をすっきりとしたものに整理していくうちにその快適さにはまり、家族の笑顔が増えました。そして「シンプルな暮らし」は「お金の使い方」にも通じていることに気づきました。

ものを少なく暮らすということは、単なる節約ではなく、シンプルで満足感の高い生き方を実現できる手段だったのです。シンプルに暮らすと、自分の本当に欲しいものがわかり、自然と散財が減ります。そして何より、生活の満足度がとても上がったのです。

周りと比べたり、これがないとおかしい…そんな理由でものを選んだり暮らすことをやめて、自分の気持ちに正直に生きること。それがミニマルに暮らす魅力です。

お金に悩んだ20代、ミニマルに暮らし始めた30代、そして今41歳。

ものを捨て、シンプルに暮らす生き方を身につけながら、私はお金に対する不安をはねのける術《すべ》を探し続け、心地よい日常を追い求めてきました。私が見つけた「ものにとらわれない暮らし」「お金との付き合い方」を、お伝えできたら嬉しいです。

さあ、お金の話をしよう

みなさんは、お金の話を普段どれくらいしていますか？
私はお金の話をするのが大好きです。お金の話をすること、お金について考えることは、人生でとても大切なことだと信じているからです。

そもそも、私は子どもの頃からよく両親とお金の話をしていました。両親もお金に対してオープンに話してくれる人たちでした。私が小学校低学年の頃は、まだボーナスが振り込みではなく、12月になると父も母も封筒を持ち帰って、入っていたお札を自分の部屋で数えていました。両親が札束を数えている姿とか、50万円ってこれくらいの厚さなんだとか、そんなことが今も記憶に残っています。

大学生のときには、父から冗談交じりに「すごくお金がかかる金食い虫だ」と言われて、学費の請求書を見せてもらったこともあります。高いといっても、そうでもないでしょう、と思いながら見たら、え、こんなに⁉　学校に行くだけで１００万円単位のお金がかかるんだと驚きました。

社会人になって不動産会社に勤め始めたときには、実家の値段がふと気になって両親に質問したことがあります。

両親が家を買ったのは、バブルの頃。ローンを組んでその金利を含めると、家の倍の値段を払うんだよ、という話を聞いたときはびっくりしました。親の世代とたった一世代違うだけでお金の常識が変わることも、私にとっては驚きで楽しい話でした。

○　家庭でもお金の話をオープンにする

私自身がそんな環境で育ったので、私の家庭でもお金の話をオープンにしています。夫に対しても、今月はこれくらい貯金できたよとか、コロナ禍で仕事がなくなったとしても、貯金があればしばらくは暮らせるねとか、マネーベースで話すことも多いです。

夫は、私がどれだけお金の話をしてもあまり興味を持たず、適当な相槌《あいづち》を打つだけですが、私はそれでもいいと思っています。夫にお金の話をしたいと思うのは、話すことで今の家計の状態を自分で確認している意味合いもあります。自分がどれだけ頑張ったのかも実感できます。こうして、毎月「今月はこれだけ貯まったよ」と報告するうちに、自分の中での貯金モチベーションがぐっと高まるのを感じられるのです。

○お金の話題はタブーなんかじゃない

私がお金の話をする相手は、夫や子どもだけとは限りません。

友人がバイトを始めたといえば真っ先に「時給いくら？」と聞きますし、職場の人が投資をしたといえば、「詳しく教えて！」と聞いてしまいます（もちろん、お金の話が好きではなさそうだな、という人の場合は聞きませんが）。親戚や甥っ子から、家計や貯金の相談を受けることもあります。

先日、学生時代の思い出の喫茶店に夫と出向いたときには、そのお店のオーナーと、あの土地が買収されたとか、街並みが変わって売却された店もあるとか、そんな話で盛り上がりました。周りの人がお金にまつわる話を気軽にしてくれるのは、私が興味を持って前のめりで話しているからかもしれません。

世間ではお金の話をするのははしたないこと、という意識もありますが、お金の話をすることは決して悪いことではありません。

お金は暮らしそのもの。生き様そのものです。お金の使い方には、その人のポリシーや、生き様が表れると思います。

お金は愛する人のところにやってくるともいいます。

少なくとも私の場合は、子どもの頃からお金の話をオープンに聞かされてきたおかげで、私自身がお金について考える習慣が身につき、お金のことを愛せる大人になりました。そして私の子どもにも、お金のことを深く考えてみてほしい、お金のことを好きになってほしい、と思っています。

第1章

ものを減らして、家を居心地よくする

こまごまと節約するよりも、
ものを少なくすっきりと暮らす。
暮らしをダウンサイジングする術を
お伝えします。
家をシンプルに居心地よく整えると、
お出かけしなくても、
生活の満足度が爆上がりします。

「捨てる」ことは「買う」より難しい

家を居心地よくすると楽しく生活できるので、外出にかけていた出費は確実に減ります。私の家は家族3人暮らしで50平米と小さな住まいですが、ものをどんどん減らしたことで、とても広々、快適に暮らせています。

ものを捨てるときにはお金や手間がかかります。粗大ゴミを思い浮かべるとわかりやすいと思いますが、粗大ゴミを捨てるためには数百円の手数料を払わなくてはいけないし、持っていってもらう日を予約して、収集場所まで運び出して…などさまざまな費用や労力が必要になります。

私がミニマルな暮らしを目指し始めてものを減らしていた頃も、身の回りのものを処分するのにとても苦労しました。

まず、どうやって処分すればいいのかを調べなくてはいけない。「捨てる」と一口に言っても、ゴミとして廃棄するのか、リサイクルに回すのか、というだけでも引き取り先は変わってきます。服であれば、全体の中からリサイクルショップで買い取ってくれそうな服を抜き出します。そのまた残りから地域の古着回収ボックスに出す衣類を選んで、最後に残った服を廃棄する、という具合に、手順をいくつも踏むことになります。ユニクロなどの店舗で自社商品を回収してもらえる仕組みも利用します。

もちろん、いらない服を全部まとめて「ゴミ袋に入れて捨てる」という方法も真っ先に思いつきました。すっぱりと捨てられる人は全部まとめてゴミに出すのもいいと思います。でも実際に、ゴミ袋に服を放り込んだときに私が感じたのは「罪悪感」でした。まだまだきれいでちゃんと着られるものも多く、しかも大量の服をゴミ袋に入れるのはいけないことをしているような感覚で、なんとか引き取り先を見つけてあげたいという気持ちでいっぱいになってしまったのです。

リサイクルショップに服を持ち込んでみて、初めて知ったこともたくさんあります。例えば、美品であっても季節外れの衣類は買い取ってもらえないこと。ショップによりますが、夏場にコートを持ち込んでも、たいていの場合「これは買い取りできません」と言われておしまいです。ブランド品でも変わりません。つまり、夏場にクローゼットの整理に取り組んだとしても、冬物を引き取ってもらえるのは冬場のみ。その間ずっと「いらない服」はクローゼットの一角を占め、そのことを気にかけたまま過ごすことになります。数ヶ月という長期間、下手をしたら一年中、服を処分するモチベーションをキープするのは難しく、憂鬱《ゆううつ》なことだと思います。

ショップによっては「値がつかないものはお持ち帰りください」というケースもあります。自分の服に対して「いりません」と言われてしまうのは、そこはかとなく恥ずかしかったり切なかったり…。苦労して選別して、手間と時間をかけて持ち込んだのに、結局持ち帰って廃棄することになります。

私の経験上、いらなくなった服を持ち込みやすいのは、地域の自治体が用意している古着回収ボックスでした。自治体によって差はあると思いますが、ひどい汚れがついていないとか、基準をクリアしている古着であればだいたい引き取ってもらえます。回収されたあとは、ほぼ確実にリユースやリサイクルに回してもらえるのも安心できる点です。

こうしてものが減ると、生活はすっきり！　心に余裕も生まれます。

大量の服を「捨てる」ことに苦労した結果、私はものを「買う」前に「捨てる」ときのことを想像するようになりました。買うか買わないか迷う場面で、「値段」「置き場所」「使い途《みち》」などに加えて「捨てるときの苦労」も検討すべき材料に加わったのです。

「買う」のは24時間いつでも手軽にできる。だけど「捨てる」のは簡単にはできません。「買う」よりも「捨てる」ほうが難しい。この事実を身をもって知って、私の買い物意識は大きく変わりました。

「不用品を売ればお得」は幻想です

前の項目でお話ししたように、私も大量に持っていた服を処分するときにはリサイクルショップにお世話になりました。

リサイクルショップを活用するときの心構えとして書き添えておきたいのは、「不用品を売って得をする」というのは幻想だ、ということです。

使っていない不用品がお金になるならお得、と思いがちですが、リサイクルショップに持ち込むのは自分にとっていらないものですよね。自分の不用品に他人が高いお金を出すわけがない、と割り切ることを私はおすすめします。

そもそもリサイクルショップに不用品を持ち込んだ目的はなんだったのでしょう。

「儲《もう》ける」ため？　それとも「片付ける」ため？

片付けるためなら、0円でもいいから引き取ってもらうほうがいい。なぜなら、ものを減らすことはとてもエネルギーを使うからです。エネルギーがあるうちに、ものの処分がスピーディーに進むことが大切です。「少しでも高値で売りたい」「自分が買ったときは高かったから元を取りたい」なんて考えが頭をよぎると、たちまちスピードダウンしてしまいます。同じ理由で、フリマアプリなども、まめな人でないとなかなか処分が進まない原因になります。

いらないものを売って得をする、というのは幻想です。お金を得たいなら稼ぐ手段を考えるほうがいいし、この品物の価格が自分にとって妥当かどうかは買うときに考えること。部屋を片付けてすっきりするという体感を自分にプレゼントするような気持ちで手放すと気持ちが良いです。そして、後々売ってしまいたくなるようなムダなものは買わない、という気持ちになってくるはずです。

大事なものは、捨てなくていい

ものを捨てるのが苦手な人はたくさんいます。私の夫もそういうタイプで、服や本などは、夫にとっては捨てたくないジャンルの品物。不要になったとしても手元に残しているのは、愛着があるから捨てにくい、という心情があるからでしょう。

そういうときに、こちらから働きかけてものを捨てさせる、ということを私はしていません。身ぐるみ剝《は》がせば剝がすほど、自分が嫌われるだけだとわかっているからです。自分に大切なものがあるように、夫にも大切なものがある、ということを理解して、私はできるだけノータッチのまま、夫が処分するまで見守ることにしています。

そうはいっても、どうしてもものを減らさないといけない場面はやってきます。例えば、新しく本を買ったら本棚に入りきらない、とか。お金で解決できるのなら「1万円で買いとります」と持ちかけることもできるけど、彼のものへの愛着はお金には換えられないので、うまくいくことはありません。

結局効果があったのは、私が率先してものを捨てる姿を見せる、というやり方でした。夫のクローゼットにはギッシリ服が詰まっていて、シワでよれよれになっていて、取りだすのも一苦労。そんな中、私が自分の服を整理して、シワのない服をサッと出して快適に過ごしているのを見て、夫が自らものを処分してくれる機会も増えました。

子どもの持ちものも、基本は任せています。シーズンごとに「いらないものをこれに入れておいて」と言って箱を渡しておくと、定期的に不要になったものを入れてくれます。

捨てるか捨てないか、決めるのは本人。

捨てるときには力を貸す。

このシンプルなルールで、ものを捨てる意識を育てました。

服はボトムスベースで組んで、すっきり減らす

私は極限まで服を減らしたこともありますが、今は大体5～7セットくらいで落ち着いています。服を買うときに大切にしているルールは、「自分が消耗できる数」「使いつくせる数」だけ買うこと。これだけです。「満足できる服だけ」がクローゼットに並んでいる生活はシンプルで快適で、「なんとなく」服を買うことが減ります。

クローゼットに服がパンパンに詰まっていて、どうにかしたい。でもなかなか捨てられない…なら、「ボトムスベース」で上下セットを組んでみてください。まず、クローゼットに押し込んであった服を全部引っ張り出します。一部では意味がないので「全部」出してください。ほとんどの人がトップスが多くて、ボトムスが少ないはずです。

このボトムスに合うトップスはこれ、というようにベストな上下を組み合わせていきましょう。最高の上下セットなのですから、着回しなどは考えません。1週間分の着回しで7セットを並べてみると、目の前にあるその7セットが自分にとってベストな組み合わせになっているはず。それ以外はどこか納得がいかないイマイチな上下セット、ということだと私は思うのです。

私の場合、この方法で50〜60着もあった服を大幅に減らすことができました。仕事、遊び、部屋着、冠婚葬祭…といったパターンを作って当てはめていきます。そうするとほとんどの人が全部で30着もあれば足りるのではないでしょうか。

私にとって、服は消耗品です。そのときの気分や生活環境などにも左右されやすいので、一生ものの服という感覚はありません。その代わり、お気に入りのセットを作って、どんどん着倒します。そしてくたびれたら、また最高のセットを作ればいいのです。

炊飯器、電子レンジを手放して、料理が楽しみに変わった

我が家のキッチンには炊飯器、電子レンジがありません。
初めて鍋でお米を炊いたときは、火加減を弱火にしたり強火にしたりと右往左往。あたふたしながら炊き上げて鍋のフタを開けると、鍋の中にあったのは今まで見たこともないようなホカホカの美味しそうなごはんで、「鍋でごはんが炊けている！　私にもできた！」という「感動体験」を味わえました。それまでは、ごはんを火で炊くなんてキャンプでしかしないものだと思っていました。

電子レンジもない生活なんてできるわけないと思いながらも、困ったらまた買おうと思いきって処分。なくしてみたら、冷やごはんを熱々のおじやにして卵を落とし、半熟でトロトロとした表面にお醤油をたらすと、えも言われぬほどに美味しかったり

して、便利と引き換えに生活の楽しみが増えました。
スイッチをピッと押すだけのありふれた日常が、ものをなくしたことで、エモーショナルで非日常的な「感動体験」の場に進化したのです。

オーブンもありません。ガス台のグリルでトーストを焼いて真っ黒こげにしたこともあります。それからはトーストを焼くときは、グリルの中を見張るようになり（ほんの1、2分のことですから）「ガスの青い火ってきれいだな」と癒やされています。

道具は使いこなすまでは失敗もしますが、回数と経験を重ねるうちに軽くこなせるようになり、それが達成感と自信に繋がっていきます。これは、最新家電を「すごい」と感動して買っても、すぐに飽きてしまって放置するのとは真逆の感覚です。
家電の少ない家の中で夏はさらさらとお茶漬けを、秋はチャーハンに炒めたきのこを爆盛りして、冬はふうふうとおじやを。冷やごはんの食べ方にも四季折々変化がある暮らしは、自分の感覚が生き返ってくるようでおもしろいです。

「欠点」よりも「好きなところ」を見つける習慣をつける

あなたは、自分の家が好きですか？　自分の家のいいところを見つける「習慣」を身につけると居心地のよさが上がります。自分の家の好きなところをリストアップしてみましょう。日当たりのいい窓、ずっと使ってきて好みの色合いになった木の柱…などどんな小さなことでもかまいません。

リストアップの際は「あそこは気に入らない」「こうだったらよかったのに」などと、欠点を探し始めないようにするのがコツです。欠点探しが上手になるとそれが習慣化し、どんな豪邸に住んだとしても、不満が止まらなくなります。長所やいいところに目を向けて、自分の住んでいる部屋に愛着を持つ、という思考パターンを習慣にしておくと、日常生活の幸福度がアップします。そうするとSNSで見つけた流行のインテリアが欲しくなって散財する、ということも少なくなるはずです。

私は一人暮らしを始めたばかりの頃から、どんな部屋でも溺愛《できあい》するクセがついているようです。大学時代に住んでいたワンルームのアパートは、小さいキッチンがかわいかったり、カタンカタンと音を立てる階段も楽しかったり。今でもその当時の部屋を思い出すと愛おしさを感じます。今住んでいる家のことも大好きです。植栽で光が遮《さえぎ》られる部屋で夏は涼しいし、コンパクト（狭い）な部屋であることも、掃除が簡単で気に入っています。

自分の部屋のチャームポイントに目を向ける習慣は、ほかの場面でも大いに役立ちます。仕事のグチをこぼし始めるとキリがないけど「働きがい」を見つけると世界が変わったり、自分の子どもの欠点にスポットライトを当てるのではなく、長所を見つけて自分も一緒に成長することができたら理想的です。

チャームポイントを見つける習慣を身につけると、身の回りにあるすべてのものの価値観が変わって、自分の周りのものにどんどん愛着が湧いてきます。

圧倒的にいいものに触れて「見栄消費」を回避！

私は25歳で中古マンションを購入した頃、家を手に入れた喜びに満ちあふれていました。でも、そんな気分に浸れたのは20代まで。30代になると友人の中にも家を購入する人が増えてきました。彼らの新居は、たいてい大きな新築物件でとてもまぶしく、自分の中古マンションが一気に色褪《あ》せて見えたのです。

そんなとき図書館にあった雑誌で「世界の豪邸特集」のような記事を目にしました。そこに載っていた豪邸は、庭の端から端だけでも私のマンションから近所のコンビニくらいの距離がありそうで、玄関は私の実家の敷地と同じくらいの広さ。この調子でいくと、風呂は私のマンションの部屋全部くらいに違いありません。置いてあるインテリアはなんと国宝級の美術品という、価格なんて超越しています。

そんな圧倒的な家の前では、新築の家だろうと賃貸物件ワンルームだろうと、大差ありません。その圧倒的パワーに、家を買い替えようかな、なんてふとよぎった「うらやましいような気がする消費」「ちょっと無理して見栄消費」をしそうだった気分が吹っ飛びました。

誰かが家を買った、車を買った、買い替えたなんていうときに思わず生じる「ちょっとうらやましい気持ち」。そんな気持ちと出会ったら、思いっきりすごい城特集とか美術館特集を見てみましょう。

圧倒的なすごいものが、ちょっと見栄をはって無理しちゃうムダ遣いリスクから自分を守ってくれます。

光熱費をガンガン使っても安心、住まいのダウンサイジング

自家発電する家などいろいろ出てきていますが、今のままの暮らしで手っ取り早く「光熱費」の支出を抑えられるのは、なんといっても「住まいのダウンサイジング」です。家のサイズを小さくするだけで、確実にかかる費用が減ります。

光熱費を下げようとすると、我慢しているわりにそれほど安くならなくてフラストレーションがたまりがちです。結果を出そうと無理をして、体調を崩してしまったり、逆にお金がかかっているかもしれません。我が家は真夏に暑さを我慢するのはストレスになるので、まったく我慢しません。気にせずエアコンをかけます。それでも家族が同じ部屋で過ごすので、光熱費はたくさん使うシーズンでも1万円ほど。光熱費は安いほうだと思います。お風呂のサイズも小さくしたら水道代も下がりました。

今住んでいる家を小さくするのは無理という場合でも、使わない部屋は空っぽにして、維持管理する部屋を少なくするだけでも、暮らしのダウンサイジングは可能です。実際私の知り合いは、大きな家に住んでいるけれど、仕事が忙しいしお金を貯めたいから、2部屋は空にして掃除も管理も簡単にしていました。

空いている部屋は本当に何もない部屋でした。換気をして軽く掃除するだけで、気候がいいときにはマットを持っていってヨガをしたり、瞑想部屋としてもすごく良さそうでした。

ちなみに、ガスと電気の支払いは同じ会社にまとめています。私の家は小さいマンションで、気密性が高く冷暖房効率がよいうえに、使っている電化製品も少ないので、まとめても光熱費には大きな変化はありませんでした。言われてみればそうなのかなという程度です。どちらかというとお金のためというより、家計の管理をシンプルするために、まとめて良かったなと思っています。

狭いって幸せ。「家キャンプ」と「洗面所書斎」

コロナ禍でキャンプが注目されていますが、我が家ではその前から「家キャンプ」が大人気です。その名のとおり、リビングにアウトドア用のポップアップテントを設置して楽しみます。ミニマルな暮らしでリビングに大きな家具がなく、広々としているからこそできる楽しみです。

寒い時期は、テントの中にモコモコの布団をいっぱい入れて、テントの中から家族でテレビを見ることもあります。テントの小さな空間に、家族みんなで入ると体もくっつき、エアコンをつけなくても想像以上にあたたかく、ぬくぬくと「家キャンプ」の時間を楽しんでいます。

「家キャンプ」は本当におすすめです。やりたいときにすぐできて、やめたいときにすぐやめられる気軽さで、満足度が非常に高いエンターテインメントになります。おかげで光熱費だけでなく、家族のレジャー費までもがガンガン節約できました。

発想を少し変えて、楽しく遊びながら家の使い方を自分仕様に開発したら、光熱費削減に繋がりました。

また、私は洗面所を書斎代わりに使っていますが、これもすこぶる快適です。ひとりきりで読書や仕事をしながら過ごすにはリビングは広すぎて、真冬などは、エアコンを使っても、そこはかとなく寒さを感じていました。そこで、洗面所にスツールとパネルヒーターを1台置いて、パーソナルスペースとして活用することにしました。洗面所の小さな空間であれば、パネルヒーターだけであっという間にポカポカになり、ヒーターを切っても余熱で十分なときもあるほどです。あたたかさにつられて猫たちも集まってくる洗面所は、私の小さくて素敵なパラダイスになりました。

部屋の使い方はこう、と決めつけることなく、自分の満足度を高めることを最優先に。常識に縛られない住み家の探索はまだまだ続きます。

家計のピンチは、視覚化して把握する

「必要経費がかさむときに限って、家電が壊れたり収入が下がる」という摩訶《まか》不思議な伝説は本当かもしれません。2020年夏、そんな伝説が現実となり、私を翻弄《ほんろう》しました。

はじまりは、エアコンの室外機から雑音が出るようになり、エアコンを買い替えたことからでした。

資格を持って細々とやっていれば安泰と思っていた仕事に、コロナ禍で激震が走ります。1ヶ月休職したのですが、収入が保証される正社員ではなく、契約で週に2回働いている私は、そのまま給料なしです（これは数ヶ月後思いがけなく休職手当が出てラッキーでした）。1人10万円の給付金はもちろん申請し、職場でも給付金がありましたが、当時はまったく先が読めず、リストラも覚悟して転職情報を調べていました。

ちょうどその頃、夫も出張が軒並み中止となり、慣れない在宅ワークを開始しました。ライフスタイルを根本から揺るがす事態でしたが、なんとか乗り切り、今月はマイナスだったから、来月は立て直そうと思った矢先。

・扇風機が壊れて、気になっていた高額商品に買い替え。
・スマホの電源が入らなくなり買い替え。
・パソコンが突然壊れて電源が入らなくなり、修理対象外を宣告される。そんなときに限って人生初めてのウェブ会議が迫っており、急いで買い替え。

スマホ、パソコンと、高価で肝心な家電が壊れる緊急事態です。

加えて、親しい人のお祝いごとの連絡があり、祝いたい！気持ち炸裂で、食事会に招待しておごったため、私の貯金ダムは完全決壊！

もうこれ以上はないでしょうと思った矢先に、購入した手づくりマスクを洗濯機に入れたら、派手に色落ちして服に色移りしまくり、服を2セット買い替えるはめになりました。

こんな感じで、いろんな事件があらゆる方面で起こりました。

○ リストアップで冷静さを取り戻す

私は、次々と起こる事件のせいでちょっとしたパニック状態。焦る気持ちと不安を抱えて、家計についても「もうなんでもいいや」と、諦めて投げやりになってしまいそうでした。

そこで冷静さを取り戻すために、とりあえず起きた出来事をリストアップして振り返ってみました。

①エアコンが壊れる
②コロナで仕事がなくなるかも
③扇風機が壊れる

④スマホが壊れる
⑤パソコンの故障
⑥お祝いごとの出費
⑦洗濯の色移りで服を買い替え

こうやって書き出してみると、お金だけではなく、自分が大変な労力を使って対応してきたことがわかります。

サポートセンターに問い合わせたり、修理に出したり、買い替えの商品を比較検討したり。捨てるときには粗大ゴミの手配や、置き場所の掃除が必要だったり。食事会の予約や給付金の申請作業など、自分のパワーが相当すり減っていることが実感できました。

○ 焦って散財しそうになったら、体を休める

今必要なのは、自分自身をメンテナンスすること。

そう切実に思った私は、心ゆくまでお風呂に入って心も体もいたわり、夜はお布団に入ってたっぷりと睡眠をとることにしたのです。そうやって寝ていると、体の疲れがとれるとともに、頭の中も空っぽになり、冷静な判断ができるようになってきました。

焦っているときにする判断は、普段自分がしない判断をして失敗しがちです。思わぬ散財に繋がるときもあります。

「ああすれば良かった」「どうしてこんなことに」などと、終わっていることを悩みすぎるのも良くありません。どうしても起こる不意の出費。イレギュラーな出来事だけでもかなり消耗するので、ここで損得などを考えすぎえると、どんどんストレスがたまって疲弊してしまいます。

投げやりになったり焦ったりしたときは、「ぐうぐう眠って、体を休める」に限ります。

私も、このメンタルケアで、「今年度の家計計画は死んだ」と観念でき、死んだ家計計画をサクッと手放して、この現状からまたイチからやっていこうという気分が湧き上がってきました。

家計はいつも順風満帆ではありません。

嵐のこともあれば、穏やかに漂うこともあります。

追い風でどんどん進めるときもあれば、向かい風で、漕いでも漕いでも進まないこともあります。

この数ヶ月私の家計は、手に負えない暴れ馬でしたが、その嵐を焦らずに過ごすうちに、昼寝している猫くらいに戻ってくれました。

散財を防ぐ、自分メンテナンス法3選

前述したほどの家計の大ピンチ！はめったにないですが、日々思うようにいかないことはもちろんあります。イライラしたり不安に思ったり、そういうときこそ大きく息を吸い込んで、クールダウンして落ち着きを取り戻せれば、さまざまな困難にも余裕を持って対処できることは多いです。

クールダウンが大事なのは、お金の使い方も同じ。衝動買いで散財するのを避けるには、「いったん足を止めて考える習慣」と「感情のコントロール」がとても有効です。

強いストレスを感じると思考がおろそかになって、衝動的で自分に優しくない消費行動をしがちです。私の周りにも、そして私自身もそうですが、悩みや壁にぶち当たっているときに散財してしまうケースはとても多いと思います。

イライラしているときに、ついスイーツを買ってしまったり、洋服を衝動買いしてしまったり。以前は私もそういうことがありました。けれど、たいていそういうものは、それほど食べたいと思っていないものだったり、買ったあとに、着ないまま忘れられていたり、やっぱりムダ遣いだったな、と反省することもしきり。

ストレスに押し流されるようにお金を使っていると、使ったそのときはすっきりするような気持ちになるのですが、その気持ちはすぐに忘れてしまって、さらに強い刺激を求めて使う金額が増えていく、という悪循環におちいります。それで本当に自分が満たされるならいいのかもしれませんが、満たされていないなら散財です。

家で手っ取り早くできるクールダウン方法をいくつか持っていると安心です。怒りや嫉妬、不安といった自分の気持ちを、大切に優しく取り扱い、整理して落ち着かせます。クールダウンが目的ですから、問題や課題を「解決」する必要はありません。

○自宅で簡単にできるクールダウン法3選

私の場合、まずは家族に対して自分の状態を打ち明けておきます。「今日こんなことがあって、今はイライラしてるから、30分くらい洗面所にこもるね！」というふうに宣言してしまうのです。イライラした気分を落ち着かせて回復するためには、少し時間が必要だ、と家族に報告しておくと家族も不安にならずに見守ることができます。

家族に伝えたら、次は自分の中のネガティブな感情を、大切に優しくなだめていく番です。私が実際にやっているのは、どれもお金をかけずに家の中で簡単にできることばかりです。3つほど例を挙げてみましょう。

①洗面所におこもりして爆音ヘッドホン

スマホとヘッドホンを洗面所へ持っていって、そのときの気持ちにあった音楽を爆音で聴きます。スツールなど座るものがあると快適です。ヘッドホンをして目を閉じるだけで、自分だけの空間ができあがります。1、2曲聴くだけでも、意外と気持ちは切り替わります。場所は、洗面所、バスルーム、個室、キッチン、どこでもいいのですが、周囲をシャットダウンできる空間を見つけておくと良いです。私は1人になりたいときは、広い部屋よりも小さな空間が落ち着くので洗面所が大活躍です。

②小瓶やボトルにグチって弱音を吐きまくる

これは、コロナ禍でのステイホームで外出できなかったときにあみ出しました。洗面所でスキンケアをしながら、HABAのオイルの小瓶にグチってみたら、これが意外にいい感じ。それ以来、小瓶ちゃんは私のグチ仲間になりました。思いっきりブラックな気持ちで「家事なんて大嫌い！」「仕事でミスってカッコ悪かった」「ニュースが暗くて見てるだけで凹《へこ》んだ」などとバラエティ豊かにグチを言いまくり、心にたまっていた毒を出しきるとすっきり爽快！　大人になると、気兼ねなくグチを言える相手も限られてきますし、やっぱり人相手では、負担をかけてしまうからちょっとここまでは言えないな…なんて、気を遣ってしまうこともありますよね。グチを吐くたびに、気遣いをしてストレスが逆にたまります。その点HABAの小瓶ちゃんはとても優秀で、私の真っ黒な気持ちを黙って優しく、そしてタフに受け止めてくれます。人に言えない本音をなんでも言えちゃう素敵な関係なのです。

グチるときのコツは、負の感情を落ち着いて大切に取り扱い、ボトルが人だと思って脳内で会話することです。「もう、最近忙しすぎて、明らかにキャパオーバーなのに、人員が減るなんてひどい」と不満を言い、「ほんとに頑張ってるね」とか、「大変な状況でやっててえらい！って大切にされて、認められまくりたい」とか、希望する解決法や扱われ方、どういう言葉をかけてもらいたいかという願望も具体的に入れるのが効果的です。鬱憤《うっぷん》を口に出して言語化することは、言葉にできないままくすぶっているネガティブな気持ちを整理するのに役立ちます。そして自分の希望を言葉にすることで、次の自分の行動をスタートできます。

③「捨て活」と「お掃除エクササイズ」

ムカつきすぎて怒りが収まらず、ドアをバタンとしめちゃう！なんてときにピッタリなのは、「捨て活」と「お掃除エクササイズ」です。体を動かすことでバイオレンスな衝動を手っ取り早く解消できます。もちろん、外でランニングでもいいのですが、私はこの怒りのエネルギーを解消しながら、ちゃっかり家を片付けてしまいます。雑巾を思いっきりバケツに叩き込んでかまいません。床に叩きつけてもいい！　怒りのパワーのおかげで掃除がはかどります。ムカついたときこそ大掃除のチャンスかもしれません。

ほかにも、美味しいものを食べてしっかり睡眠をとる、というのもありきたりですが効果的です。食事や睡眠は体をいたわる意味でも大事で、体調が上向いていくとともに気持ちも上がっていくのを実感できます。

イライラした気分を抱えたまま衝動的に散財する前に、まずは深呼吸してクールダウンすることを日々の習慣として心がけています。自分の気持ちを丁寧にメンテナンスすることは、自分を大切にすること、自分のお金を大切にすることに繋がります。

図書館をカフェ代わりにする

ここから少しお出かけの話を。私はお出かけのときも、あまりお金をかけずに心地よくいられるベースキャンプのような場所を確保しています。

例えばどこかへ出かける前には、目的地の近くにある公園や図書館を調べます。公園で風にあたって緑の木々を眺めるだけで気分が上向いたり、図書館で目にした雑誌をパラパラとめくって好奇心を刺激されたり、気軽に利用できる公共施設は束の間のリラックスタイムをもたらしてくれる場所です。

仕事や子どものこと、人間関係などで悩んだときは図書館に行きます。書架をふらふら歩いて、目に入った気になる本を読みます。

人間関係で悩んでいるときには心理学系の本を手に取ったり、手首を痛めたときは健康雑誌を読んだり、お金に悩んだらマネー本を読みます。悩みが重すぎるときには無理に解決策を探すよりも、ムーミンやピーターラビットみたいな絵本の書架を眺めているほうが心地よい日もあります。その時々の気持ちにぴったりのヒントを、図書館のあちこちで見つけることができます。

ひとりカフェもたまに行きます。窓の外、通り過ぎる人たちを観察するだけですごく楽しいです。

オシャレな人や、仕事で忙しそうな人、底のすり減った靴で働く人。帰りに電車に乗ればよろけた人にぶつかられてちょっとムッとする人、泣き出す子どもがいたり、誰かが素敵なニュースにご機嫌な様子だったり。

たくさんの感情と息づかいを感じて、うまくいっているようでみんなどこか焦っていたり、整いきれない、揃いきれない私たちの暮らし。いろいろな形と色が共鳴しあって、世界は広がり続ける宇宙かもしれないなんて考えて。

お金をかけて旅行をしなくても、私はカフェから宇宙にトレッキングしています。その旅はいつも爆安で冒険的。かなり遠くまでトリップできます。

日本一高い街「銀座」で、爆安で遊ぶ

日本一高い街といえば銀座です。高級ブランドのショップが建ち並ぶ銀座でも、私は買い物ではなく散策を楽しんでいます。シャネル、カルティエ、帝国ホテル…。買い物してディナーを食べてアルコールを楽しんで、と思う存分満喫するとしたら、私の月収は軽く超えてしまうかもしれません。

その点散策であれば誰でもお金をかけずに銀座という街を楽しむことができます。

私は1ヶ月ほど、週末のたびに気まぐれに銀座へ出向いて、その一帯を歩いて回っていた時期があります。本当になんとなく、東京駅や日比谷駅、銀座や有楽町のあたりがどんなふうに繋がっているのか、知っているようで知らなかったので見てみたい、と思ったのがきっかけです。

まずは有楽町周辺をスマホのマップで調べてみると、皇居と日比谷公園の緑の多さに気づきました。さっそく夫を誘って現地へ行き、スニーカーで皇居の周りを一周して緑の中でのヒーリングタイムを楽しむことにしました。ウォーキングの途中、千鳥ヶ淵にボート乗り場があることに気づき、私と夫はペダル式のボートにも挑戦。利用客は私たちだけで、野鳥の声が響くお堀は秘境のようにも感じられました。

別の日には、銀座にある日本各地のアンテナショップを回ったこともあります。

はじめは予算がわからず2万円くらいお財布に入れて探索に出かけていましたが、そのうち、3000円くらいお財布に入れて半分余るくらいのお手軽トリップができるようになり、自分のペースを守っていると散財しないと悟りました。そして、見つけた素敵な名店のレストランで、嬉しいことがあったときにしっかりお金を使って楽しむこともできました。そのレストランからあとでお手紙が送られてきて、あらためて「銀座すごい」と思いました。「日本一高い」イメージでいた街はそれだけじゃない。高くもあり、美しくもあり、安くもあり、深かったです。

第2章

日々のダラダラ出費を引き締める、買い物のコツ

ムダ遣いを減らそうと
我慢するのではなく
衝動を上手にコントロールして、
気づかないムダな出費を減らす
「習慣」を身につけること。
これだけで買い物の満足度と
幸せ度が上がって、
家計の安定に抜群に効きます。

お金に余裕がある人は、人数分のケーキを買わない

以前、経済的に余裕がある先輩の家に、子どもと2人で遊びに行きました。食事をした帰りに「ケーキを買ってあげたい」と言われ、ケーキ屋さんに立ち寄ると、色とりどりの素敵なケーキが並んでいます。

その方に「大人はケーキ食べる?」と聞かれて、「私は美味しいものをたくさんいただいたので充分です。夫はケーキを食べないんです」と伝えると、子どもの選んだケーキひとつだけを買って渡してくれました。

私だったら、ケーキ屋さんに悪いような気がして、ひとつだけでは買えないと躊躇《ちゅうちょ》するし、人数よりもひとつ多く買うとか絶対しちゃうところ。

ムダなところにお金を使わない、合理的に考える潔い清々しさに感銘を受けました。自分の気持ちをきちんと確認されたことも新鮮でした。実は、いっぱい食べたからも

うケーキは無理！と思っていたのです。みんなの分を買わないなんてケチと思われるんじゃないかとか、そんな狭量《きょうりょう》なことではなくて「必要なものだけ」というのは清々しくて心地よくて優しいことなんだなと感じました。

また、都心の一等地にあるマンションに住んでいる友人宅に遊びに行ったとき。赤ちゃんがいるからさぞかしおもちゃや子育てグッズであふれていることだろうと思いきや、非常にすっきりとして片付いていていました。

小さなペットボトルで作ったお手製のガラガラや、もらったおしぼりをガシャガシャさせるとか、あるもので工夫するのが上手です。ベビーグッズも大きくなったら使わなくなるから、サブスクやレンタルを活用しようと考えているそうです。

それを聞いて、これがないと、あれがないと…と不安で焦ってベビーグッズを買っていた私のあふれた部屋の状態と、すり減っていく財政は、私の不安とパニックそのものだったのだなと悟りました。余裕がないときほどよく考えずに「これがないと恥ずかしいかも」という、不安と衝動で買い続けていた気がします。

買い物には、リストを作ってから行く

私はものを減らすことで、本当に心地よいものだけに囲まれてすっきり暮らす幸せに気づけたので、自然と買い物のスタイルも変わりました。その中でも、ムダな買い物を防ぐのに効果的だった方法がリストアップです。方法は簡単です。自分の欲しいものや必要なものを、買い物の前にリストアップするだけ。

例えば日常の買い物であれば、セールのチラシやネットの広告を見ずに、頭に浮かんだ欲しいものをリストアップします。「夕飯で食べる卵と鶏肉、朝食用のリンゴ、猫の餌《えさ》、夜に飲むカフェインレスのコーヒー」などなど。おそらく、そんなにたくさんは思い浮かばないはずです。そして、そのリストを持って買い物に行きます。

リストアップのときに思い浮かばなかったものは、今すぐ必要ではないもの、あっ

てもなくても困らないものです。買う必要がないものだと割り切ってしまいます。これだけで、スーパーマーケットの売り場で「これ買おうかな」と悩むことがなくなります。そのうえ、勢いだけで買い物をするよりも、満足感と安心感に包まれます。

自分を幸せにするお買い物は、暮らしにこんなものが欲しいと明確に頭に思い描くことができます。それに向かって具体的にプランを立てて買いに行く、能動的でポジティブなお買い物です。反対に自分を不幸にする買い物は、新製品やトレンドといった情報の洪水に飲み込まれて「なんとなく欲しい気がする」という雰囲気で決めてしまう買い物でしょう。

「自分を幸せにする買い物」と「自分を不幸にする買い物」。

リストアップの効果、ぜひ実感してみてください。

　ちなみに、私はこのリスト方式を、「自分へのご褒美」にも採用しています。欲しいものが出てきたら、いったんリストに書いて、少し時間をおいてみるのです。すると、やっぱりいらないかも、となるときもありますし「この仕事が終わったらご褒美として買おう！」と頑張る原動力になることもあります。

　こうやって「これは必要なものなのか」という点を楽しみながらコントロールできると、満足度の高い買い物ができるようになります。

　よく、「自分へのご褒美」というエクスキューズでムダ遣いしてしまう…という話も聞きますが、自分でコントロールすることさえできていれば「自分へのご褒美」でお金をしっかり使うのもありだと思います。私も「これが終わったら有名和菓子店の大福を買おう」とか「この仕事が終わったらあのお店でお茶をして帰ろう！」と考えながら日々の生活を頑張っています。散財するならこういう場面で、とプランを練るのも楽しい時間になります。

価格が高いか安いかに関係なく、自分を満たしてあげられるものを買う。

リストアップで欲しいものを明確にして、自分主体の買い物を楽しむ。

それが自分を幸せにする買い物だと私は思います。めちゃくちゃ簡単なのに効果バツグンです。

買いすぎる人の3つの特徴

つい買いすぎる人には3つの特徴があります。

①断るのは失礼、お店の人を喜ばせたくなるナゾのサービス精神
②強くすすめられると弱い
③「今だけ安い」「あなただけ」の特別扱いに弱い

ちなみに、以前の私は全部当てはまっていました。「わあ、7000円オフで3000円になってるから今買っちゃおう」と思って洋服を買っても、着てみてイマイチなら、いくらお得でも3000円のムダですよね。

「有名パティシエ監修」「ハイブランドとのコラボ」「季節限定」「新作」「日本初！」「限定商品」などなど、世の中は、消費を誘うキャッチコピーにあふれています。ネットでも四六時中「特別」が鳴り響いています。

そういう言葉で衝動的に買いたくなったときは、買い物の前に深呼吸して自分を安心させてから、本当に欲しいものなのか、落ち着いて判断するようにしています。このひと呼吸は衝動買い防止にすごく効果的です。落ち着いて考えて、ものを厳選して買う習慣が、気持ちとお金の余裕に繋がります。

持ちすぎ、やりすぎの家は心がもたれます。私はものの数を減らすことで自分の時間の過ごし方の質を向上させて、圧倒的に暮らしのパフォーマンスが上がりました。お茶をゆっくり飲む、お風呂にゆっくり入るなど、家で簡単にできることで、間違いなく時間の過ごし方の質は上がります。

いくらお金をかけようと、もので心の栄養をとることはできません。自分が使える数だけ家にあれば大丈夫。そう思うと、衝動に振り回されてムダ消費する習慣は簡単に手放すことができます。

「全身セット買い」が結局一番お得

服を買うときに上下セットを意識するようになってからは、上から下まで一気に買い揃える「全身買い」も楽しみのひとつになりました。全身を買い揃えるといっても、私が行くのはリサイクルショップ。不要になった服やバッグを引き取ってもらいつつ、その店頭に並んでいる掘り出しものを吟味して回るのです。

先日は仕事の打ち合わせで外出しましたが、このときのコーディネートもリサイクルショップでの全身買いで手に入れた服。上が白のカーディガンで500円、下のスカートは300円、バッグはCOACHで、ちょっと高いと使うのをためらいがちになる白い革のバッグが美品で2000円です。

リサイクルショップであれば、全身を買い揃えても1セットで5000円程度。バッグや小物を買わないなら2000円くらいあれば足りると思います。

全身買いをする日は前もって決めてお買い物に行きます。スカートが欲しいなら、スカートにあわせた全身のコーディネートをリストに書いておきます。どんなシチュエーションで、誰に会うときに着る服なのかもこの段階で想定します。こうやって全身買いのことを考えていると、ワクワクした気持ちが高まってくるのも楽しいです。

そして当日はお店で試着をしながら、コーディネートを検討。すぐ決まるときもあれば、1時間かけてもベストなコーディネートが見つからないときもあります。見つからなければその日は諦めて帰るのも大事なこと。妥協して買っても、クローゼットの中にイマイチな上下セットが増えるだけです。

お手入れを習慣にすると、服の衝動買いが減る

服をたくさん持っていた頃の私は、着ている服のあちこちに毛玉ができている「毛玉女」でした。いっぱい服があるからお手入れが行き届かず、上下の組み合わせもしっくりこない。その頃の私はイマイチなコーディネートで、手入れもできていない服を着ていたのです。

自分がイマイチな服を着ていると、街でお店に並んでいる服のほうがよく見えてしまい「新しい服を買おうかな」という衝動買いも起こりがちです。

今は帰宅したら、必ず洋服ブラシをかけるようにしていますが、それだけでも、雰囲気がまったく変わります。お手入れするようになると、自然と洋服を選ぶ基準も変わってきます。

ウールやカシミアなど天然素材100％は洗濯が大変なので買わなくなり、天然素材にポリエステルが入っているもののほうが軽くて発色もいいので好きになりました。アイロンが必要なものは、楽しくかけられる範囲のハンカチ程度。こうして服選びのルールをどんどん簡単に軽やかにしています。

自分が手入れできる範囲の服を持つことで、買いすぎることが減り、お気に入りの服に愛着が湧いてきます。愛着のある服を着て出かければ、お店で新しい服を目にして「あっちのほうがいい」とうらやましく感じることは、さらに少なくなります。しっかりと手入れをしてお気に入りの服を育てていくことで、次から次へと買いまくる衝動買いの悪循環から抜け出すことができました。なにより、手入れが行き届いている服は価格に関係なく素敵に見えると思います。

人も出身だけで決まらない。生き様で決まるように、服だってブランドや素材だけでなく、手入れや扱われ方でどんなふうにも変わる素敵な存在になるとわかりました。

下着とパジャマは、ワクワク感が最優先

服に対してはミニマルな視点でコストカットしている私ですが、下着やパジャマについてはコストよりも「気分が上がる」ことを優先しています。

私は下着を買うときに、自分の好みの色やデザインを優先して選ぶことが多く、機能性などはあまり気にしません。店頭よりも通販のほうがデザインバリエーションが多いので、選ぶのも楽しく、ベルメゾンで見つける上下セットがお気に入りです。価格は3800円くらいから、高くても5000円くらいでしょうか。

パジャマも下着と同じプライベートな場面で使うものなので、自分が好きなものを買って着ています。

下着やパジャマが普通の服と違うのは、他人の目に触れない、という点です。服の場合、自分の好みを主張しすぎるのは場面によってはけっこうリスキーなものですよね。自分が行く場所と、そこにいる人との調和を考えることが、自分の「居心地の良さ」にも直結します。

でも、他人が見ることのない下着であれば、リボンがついていようがフリルがついていようが、周囲の視線を気にする必要はありません。最高の解放感です。

「自分にとっていいもの」とは自分が満足感を得られるものです。1着5000円の下着は節約ではないですが、その金額で気分が上がるデザインのものを手に入れられて、しかも冒険した気分も味わえる。自分のモチベーションを保つうえでも、下着とパジャマを買うときのワクワク感を大切にしていきたいと思っています。

美容費が激減した、洗いすぎない習慣

若々しさや美しい肌を望むのは、男女ともに自然で当たり前のこと。美容のためならお金をかけてもかまわない、そんな気持ちについなってしまいがちです。でも、果てしなくお金をかける前に一度足を止めて美容費を見直してみると、あらためて気づくこともたくさんあるかもしれません。私はミニマルな暮らしをきっかけに、20代の頃と比べて美容費を10分の1にまで圧縮しました。

当時の美容費は月に1万円程度。美容液は海外ブランドの1万円近くするものを愛用していて、普段のナチュラルメークに必要なファンデーション、化粧水、乳液、もちろんリップやアイラインなども普通に買い揃えていました。美容液や化粧品の買い物が1万円いく月もあったりいかない月もあったり、ならすとだいたい毎月1万円というのが、ごく平均的な美容費だったと思います。

20代中盤の頃、美容費について考えるきっかけになった出来事がありました。ひとつは、25歳くらいのときに10歳上の先輩のメークを見て「ファンデーションを塗ったときにシワにファンデーションが溜まってけっこう目立つんだな」と感じたこと。同世代で薄化粧なのに若々しい先輩もいて、化粧をしすぎないほうが若く見えることもある、というのは新しい発見でした。

もうひとつの出来事は、ミニマリスト生活を始めるようになってから気づいたことですが、美容に手をかけないほうが自分の肌トラブルが激減すると気づいたのです。真冬は髪を洗うのも1日おき、体はお湯で自分の手のひらで優しく洗う。洗顔や肌のお手入れもすごくシンプルに「洗いすぎない」「触りすぎない」というミニマルなお手入れを取り入れた途端、冬場に感じていた目元の乾燥や肌トラブルがなくなりました。

シンプルな方法は肌を守り、自分に優しく、お財布にまでも優しいと気づきました。

ワセリン・ニベアクリーム・オイル。スキンケアは保湿重視で

自分にあう方法を見極められるようになると、お金のかけどころもわかってきます。人それぞれで優先順位は変わってきますが、今の私はデンタルフロスなどのデンタルケア用品にお金をかけています。スキンケアは保湿に重きを置いてワセリンやニベアクリーム、ＨＡＢＡのオイル、馬油を使うようになりました。

手ごろな価格のものばかりですが、ワセリンは代用品が見つからないほど私にとっては手放せない保湿クリームですし、ニベアクリームは保湿面だけでなく髪をまとめる際の整髪料としても活用できる優れもの。習い事の茶道でお茶室に行くときは化粧品の香りに気をつけていますが、強い香りがしないニベアクリームなら安心です。

隠したい自分の欠点も、自分が思い込んでいるだけかもしれないというのも歳を重ねて気づいたことのひとつ。自分では好きになれない部分を、ほかの人にチャーミングだと認めてもらえると、とてもハッピーな気持ちになれるのは間違いありません。そのホクロさえなければねなんて言う人に合わせるか、ホクロのある君が好きと言う人に合わせるかで、自分の世界は変わります。自分らしさを隠すのではなく大切にしていくことで、新しい自分を見つけてもらえるかもしれません。

私はお風呂に入ってよく寝て疲れた体を休めたり、旬のフルーツを食べて気分をリフレッシュしたり、日々の生活の中で自分らしさをキープするメンテナンスを心がけながら、保湿など自分に必要なところにしっかり手間をかけるようにしています。丁寧にハンドプレスしながら、自分をいたわる気持ちで保湿するのも、大切な時間です。

自分らしさを大切にしてお金のかけどころを見極めることで、果てしない美容費の増加に終止符を打つことができました。

お買い得の食材に飛びつかない

食料品にかかる費用を考えるときに意識しておきたいのは「食材を買いすぎていないか」という点です。食材をたくさん買ったのに食べきれずに廃棄する、という生活が習慣になっている人は多いと思います。我が家は冷蔵庫が小さいので、そこに入る分だけしか買わないことがいい抑制になっています。

食品廃棄の問題は、自分の中にある不安マインドの表れでもあると私は感じています。食材を買いすぎる場面で、自分たちの胸の内にどんな不安マインドが渦巻いているのか、大きく分けると3つのケースがありそうです。

ひとつめは、いつでも「食料がない」気がして不安を感じているケース。これは、家に残っている食材を把握できていないときに起こりやすく、食べるものがなかったらどうしよう、とりあえず買っておこうという気持ちばかりが強くなってしまうパターンです。

ふたつめは「これを食べなければ」「これを食べさせてはいけない」といった義務感や使命感にとらわれてしまうケースで、食生活に敏感な人ほどおちいりがち。私も一時期、子どもの食生活に神経質になって「手づくりのものを食べさせなくては」「できるだけお菓子は食べさせないように」と考えていたときがあります。このときの経験を振り返ってみると、神経をすり減らしながら「より良い」食材を探し回ってストレスがたまり、何を食べてもどこか満たされないと感じるようになっていました。「〜しなければ」「〜してはいけない」という正しさばかりを追い求めると、慢性的に満たされず、精神的に「餓《う》え」の状態が続いてしまうというのが、私の実感です。

3つめは「お買い得」の食材に飛びついてしまうケース。「お買い得」のシールが貼ってあるだけでつい手を伸ばしてしまうというのは、誰もが経験していると思います。これもまた、根っこにあるのは「お買い得なら買わないと損なのでは」という不安な気持ちだと思います。「お買い得」とはいえ出費は出費。買わなければゼロ円で済むのに、「お買い得」という理由だけで必要のない食材を買ってしまっているなら、それはムダ遣いです。

○何も買わない日を設ける

こうした不安マインドをはねのけて食材のムダを減らすために、前述のリストアップがおすすめですが、ついてしまった買いグセをいったんリセットする、おすすめの方法があります。例えばあえて「何も買わない日」を設定してみること。

私も「ゼロ円の日」というのを設定して、お金を使わないことを楽しんできました。その日は家の中に眠っている食材に目を向け、冷蔵庫に入れっぱなしになっているものやストック品などを上手に使っていきます。「買わないデー」の1日目を乗り切ったら2日目にもチャレンジしてみてください。

「買わないデー」によって家にある食材を把握することができるし、今あるものだけでも工夫すれば大丈夫という自信が湧いてきます。できたという達成感は、自分に自信を与えてくれます。「とりあえず買っておこう」の出費が多い人におすすめです。

「これは食べてはいけない」など食生活に敏感になりすぎてストレスを感じている人は、好きなときに好きなものを食べてみるのがおすすめです。

外食でもインスタントラーメンでもお菓子でも、自分が食べたいものを食べてみる。すると、義務感や使命感といったものから気持ちが解き放たれて、食べ物の美味しさを思う存分楽しく感じることができるようになり、満たされる感覚を自分の中に取り戻せるはずです。「〜しなければ」という押しつけから距離をとることが、慢性的な「餓え」やストレス状態から抜け出す近道になります。

食費を抑えるときに有効なのは、不安マインドに振り回されないことといってもいいかもしれません。安く「買う」より、「買わない日」。このシンプルな習慣、おすすめなのでぜひ試してみてください。

キッチンツールは、いいものを、数少なく。そして長く使う

洋服は消耗品だと割り切ってシーズンごとに使い倒して買い替える派の私ですが、キッチンツールは別。10年単位で使い続けているものがたくさんあります。

ステンレス製のフライパンは、マンションを買うのと同じ頃にデパートで購入したもの。販売員の方がすすめてくれた品で、もう20年近くも愛用しています。18歳で上京したときに買ったフッ素樹脂加工のフライパンは4、5年でツルツルになってしまい、使えなくなったのですが、今使っているフライパンはまだまだ現役で、これからも使い続けるつもりです。銅のやかんも同じ時期に買ったものです。

道具の魅力は、使えば使うほど馴染《なじ》んでくるところ。服は経年変化で劣化してしまう消耗品ですが、経年変化で馴染んでくる道具は、時が経つと自分にとってもより良

い品になっていくものだと思っています。

傘や食器なども道具として愛着を持って使い込んでいます。長く使うことが前提なので、道具は最初からいいものを買うことも多いです。フッ素樹脂加工のフライパンだと、1年に1回くらいのペースで買い替えるという話も耳にしますが、それはエコじゃない。それに、たった1年で道具を買い替えていたら、自分の手に馴染む暇すらありません。数は少なく、いいものを厳選して長く使う生活は楽しいです。

「友達が少ない」というフレーズからどんなことを連想するでしょうか。孤独で寂しい？　楽しくなさそう？　私は友達が少ないですが、とても幸せです。私にとって、1人でいる時間は「孤独で寂しい時間」ではありません。

1人でいると、自分の考えを整理できて気持ちが落ち着き、休息は1人でとると肉体的にも精神的にもリラックスできます。1人の時間は私にとってプレシャスな時間なのです。反対に、人との交流を増やそうと焦っていた時期のほうが、たとえ誰かと一緒にいたとしても、私は孤独や不安を感じていたような気がします。

2011年の東日本大震災のあと、人間同士の絆の大切さが世間で話題に上る機会が増えました。テレビなどで「絆」という言葉を目にするたびに、私も絆を増やさなくては、と思い込むようになっていきました。私はちょうどFacebookを始めたばかりで、誘われた集まりにはできるだけ参加していましたが、専門学校と子育てで忙しかった時期とも重なっていて、友人と交流することに義務感のような息苦しさも感じ始めていました。なによりも、勉強、子育て、家の中のことなどに追われていた私にとって、交流する時間を捻出することが難しくなっていたのです。

「絆」作りに躍起《やっき》になるのをやめることにした私は、気乗りしないときには誘いを断るようになりました。

今までずっと誘ってくれていた友人に断りの連絡を入れるわけですから、最初のうちはやっぱり心苦しかったです。「相手に悪いんじゃないか」という不義理を感じる気持ちもありました。そこで私が準備したのは、断るときのフレーズを定型文で用意しておくこと。「声をかけてくれてありがとう。その日は用事が入っていて行けません。誘ってくれたのにごめんなさい」というような内容を定型文で用意しておいて、どんな誘いに対しても同じように断りの連絡を入れることにしました。返事をするタイミングを先延ばしにしていると、何度も誘われることになって気持ちが揺らいでしまうため、断るときにはすぐに返信することも心がけました。

その結果、交流する機会は減りましたが、自分が本音で付き合える人間関係に変わりました。「断ったら相手を傷つけるのでは」「せっかく誘ってくれたのに悪いかも」という心配を手放し、誘う側であっても断る側であっても「自分の思いどおりにならなくても、相手の気持ちを尊重する」という大切な基本をあらためて思い出すことができました。「今の自分の状況はままならなくて人と会うのはキツい」と本音を話せばわかってくれる友人もいて、本当の意味での絆をこのときに手に入れられたような気もします。

今の私は、散歩したり、読書したり、カフェに行ったり、1人の時間を満喫しています。自分の時間を大切にしていると、周りの人も1人の時間を大切にしているんだな、と思うときもあります。カフェで知らない人同士が思い思いに過ごしているのは、干渉し合うことはないけど人の気配があって、1人なのに1人じゃないような、私にとってはかけがえのない時間です。

友人や周りの人と交流するのはもちろん素晴らしいことです。でも、義務感や疲労感を覚えながら「付き合い消費」で出費を重ね、人との交流を無理して続けているなら、そんな「付き合い消費」をすっぱりとやめることができれば、交際費のコスト削減にもなりストレスがぐんと減ります。

なによりも覚えておいてほしいのは、無理をしながらの「付き合い消費」は、お金だけでなく、自分の気持ちや時間もすり減らしてしまうことです。自分の1人時間が充実すると、相手の1人時間も大切な時間とあたたかく見守る余裕ができます。1人でも幸せを感じられる過ごし方は、暮らしを豊かにしてくれます。

重いものは軽く、軽いものは重く

私にとって「いいもの」とは、暮らしの中で役に立つものや、自分を心地よくしてくれるものです。価格が高いからといって「いいもの」だとは限りません。ものを見極めるときには「自分にとっていいものってなんだろう？」という視点を忘れないようにしています。

お茶を習い始めて知ったのですが、「重いものは軽く、軽いものは重々しく扱う」という考え方があります。お稽古のときに教えてもらってから、私は日常生活でも「安価なものこそ大切に、高価なものこそダイナミックに思いきって使う」ということを意識するようになりました。この考え方こそが、ものを使い果たすために必要なことなのです。

わかりやすいところで言うと、子ども服。特別に素敵な子ども服をもらったから、オシャレさせたいときに着せようと思っていると、その機会はいつの間にか通り過ぎてしまいます。結局1回も袖を通すことなく、欲しい人も見つからず捨てるしかない。そんなもったいない経験をした人もいるのではないでしょうか。いくら良いものを持っていたとしても、使わなければムダも同然。それならば、もっと大胆に使って、使い果たすことを意識してみてはいかがでしょう。

我が家にはお客様用の食器はありません。ものを処分したとき、特別な来客用にしまい込んでいたお皿を、日常用にして使うことに決めました。一点ものの食器を日常の食卓で使って割れてしまったとしても、使われないよりはいいと思ってどんどん活用しています。高価なものをダイナミックに普段使いして、美しいものが当たり前のように日常に溶け込んでいるのを感じると、どんなものにもきちんと役目を与えられているようで、嬉しい気持ちになるのです。

ストック類は多めに備蓄。消費しながらローリングする

ものを持たないミニマリストの私ですが、心配性な一面もあるので、ストック類は多めに備蓄しています。例えば、トイレットペーパーや生理用ナプキン、歯ブラシなどの生活必需品はストック派。トイレットペーパーなら12ロールのパックをふたつ常備して、1パックなくなるたびに買い足しています。なので、コロナで買い占めが起こったときも、安心できました。

また、我が家の流し台の下には非常用の飲料水と猫の餌が詰め込んであり、非常食も用意してあります。非常食といっても缶詰のパンとかではなく、カロリーメイトです。

カロリーメイトを非常食にしているのには理由があって、日常生活の中で消費することができるから。非常用とはっきり銘打っている非常食は、たいてい食べ慣れないものが多くて普段は食べる気にはなれません。そうすると、大地震など本当の非常事態が訪れるまでずっと手をつけられず、期限切れの非常食は捨てるしかなくなってしまいます。でも、カロリーメイトであれば、日常生活の中で消費する場面はいくらでもあります。例えば、出先で時間がなくてごはんが食べられないときにちょっとしたベンチで食べたり、夫が海外出張に行くと到着時間やエリアによっては食事する場所が見つからないことがけっこうありますが、そういったときにも役立ちます。

カロリーメイトをいくつかバッグに入れておくと、いざというときに安心でスペースをとりません。缶詰のパンだと…ベンチやデスクで取り出すのはちょっと勇気がいります。

現在常備しているカロリーメイトは60箱ほど。レストランが開いているかわからない地方での仕事や夫の海外出張などのときに、1~2箱をバッグの中に入れておいて、たまに消費しては、その分を買い足すといったローリングストックを実践しています。

学び費用にはしっかり投資する

ミニマルな暮らし、というとお金を使わないことばかりを連想するかもしれませんが、ここにはお金をかけておきたい、という場面ではちゃんとお金をかけることも意識しています。

私が一貫してお金をかけているのは、学ぶことだと思います。今まで意識したことはあまりありませんでしたが、ミニマルな暮らしを始める前も後も、学びに対してはお金を惜しまずに生きてきた気がします。お金がなく、家計が苦しい時期でも、資格を取るために学校に入り、年間100万円以上の費用をなんとか捻出したこともあります。夫も大学に2回通うなど、夫婦それぞれ学びに時間とお金をかけてきました。当時は苦しかったですが、お互い学びたいというときは応援し合ってなんとかやってきました。趣味のお茶も、お免状をいただくときには諸々で6万円ほどかかったりしています。払いたくない、ではなく、払いたい。時間をかけて学ぶのならちゃんと学びたいと思っているからです。学ぶことで得られる喜びが、働いて収入を得るモチベーションにもなります。

もうひとつ、私がお金をかけたいと思っているのは、キッチンツールなどの道具や家具のメンテナンスです。特に、職人さんの情熱やスピリットが感じられると、多少高くても買いたい！と思います。

お金のかけどころというのは人それぞれで異なっているのが当たり前。自分の好きなことや妥協したくないこと、ライフスタイルなどに合わせて、お金のかけどころは変わってくるでしょう。気をつけておきたいのは、お金のかけどころが多方向に向きすぎると、出費がかさんでしまうこと。あれもこれもと手を出すのではなく、できるだけ絞り込んでいくことが出費を抑えることにも繋がります。「今の自分」の生き方にあうお金のかけどころを見つけて、生活の満足度を高めていきましょう。

第3章

「めんどくさい」が、家計と貯金を守る

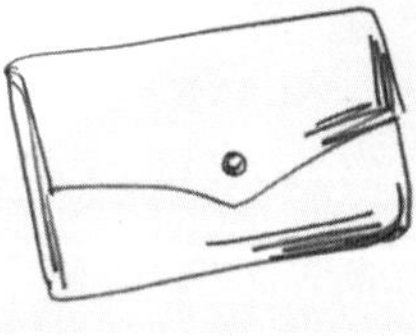

月々の生活費の管理も、
ミニマルな暮らしなら、
細かい計算なんて不要です。
お金の流れもシンプルに整えることで、
ざっくり管理なのに、
しっかり貯まる仕組みを
作ることができました。

家計はざっくり管理のほうがうまくいく

我が家の場合、毎月の家計の内訳は、

・住宅費3万円
・携帯電話代2万円
・水道光熱費1万5000円
・保険料1万2000円
・教育費2万円
・食費7万円

合計16万7000円くらいです。これにこまごまとした日用品や服飾費、交際費などを入れても、だいたい20万円くらいで回しています。

私が毎月やっているのは、暮らしの土台に必要な固定費を把握すること。家計簿はつけず、家計管理はざっくりしています。細かく収支を管理するのが苦手というよりも、それにかける手間と時間がもったいないという気持ちが強いです。

しっかり&きっちりの「正しい家計」を目指すよりも、ゆるく家計を回していくほうが想定外の出来事にも対応できる、という実感があります。

どれだけ綿密にプランを立てても、人生には突発的なアクシデントがいくつも待ち受けています。同じ会社で定年まで働ける保証はなく、ダブルどころかトリプルワークも当たり前というのが今の時代です。

ミニマルに暮らしていると、欲しいものが明確になるので、節約をしなくてもムダ遣いが減り、収入と支出のバランスに余裕が生まれます。どんぶり勘定のまま、お金の流れをシンプルにしたら、ストレスなく貯める仕組みができました。

家計簿をきちんとつけることが苦手な人、細かい節約が苦手な人にもできる、ミニマルでシンプルな家計管理のコツをお伝えします。

クレジットカードをやめたら散財が減った

私は大学生からのおよそ10年間、クレジットカードをもりもり使って暮らしてきました。クレジットカードは、手元に現金がなくても、あるいは銀行の預金残高がなくても、欲しいものが買えてしまいます。私もリボ払いの高い金利に無自覚なまま、便利なアイテムとしてクレジットカードを使い続けていました。お金がなかった時期は、毎月の生活費をカードで支払い、自転車操業におちいったときもあります。

これではまずいと、図書館でお金に関する本をいろいろと読み、リボ払いの高い金利を初めて理解できました。それからはリボ払いをやめ、ミニマルに暮らすうちに思いきってクレジットカードそのものを使わない生活へシフトしました。

今ではこの便利な時代に逆行するように、ほとんどの支払いが口座引き落としか現金決済です。

○「めんどくさい！」の気持ちがお金を守る

現金の暮らしは、正直、とてもめんどうです。

カードで「今すぐ」そして「簡単」に買い物ができるのは便利でありがたいな、とつくづく実感します。けれど、カードの簡単後払いは、お金の収支関係を見えにくくします。お金を使っている感覚もあいまいになり、どれだけ使っているか、まめな人でないと把握しづらいのではないでしょうか。

そうするうちに、気づかない間に日々使うお金は膨らんでいきます。

「今すぐ・簡単・便利」の快楽に負けないために、私は「不便でめんどう」というハードルを生活の中に仕掛けているわけです。実践するとわかりますが、これはめちゃくちゃ効果があります。

お財布の中の現金が足りなくなったとき、クレジットカードを持っていたらすんなり支払ってしまうかもしれません。でも、現金しか持っていなかったら、わざわざ

ＡＴＭまで行ってお金をおろしてくるしかありません。「めんどくさい！」「だるっ！」というハードルが、浪費から私を守ってくれます。おろしてまで欲しいものは、きっと本当に欲しいものなのです。

人間の意志は弱いので「節約しなくちゃ」「我慢しなくちゃ」と自分を律しているつもりでいても、買い物の欲求に負けてしまうことなんてしょっちゅうあります。でも、この「めんどくさい！」という感覚にはけっこう強力なパワーがあって、欲求に負けそうな自分をしっかりグイッと引き戻してくれる気がします。

クレジットカードをすっぱりとやめるのが難しい場合は、クレジットカードと、少し距離を置いてみるだけでも違うと思います。

例えば、週末だけとか1週間だけとかお財布からカードを抜いて、家にお留守番させてお出かけしてみる。これだけでも、お財布の中にある現金だけでやりくりするトレーニングになります。買い物をするときには、お財布にあるお金が足りるかどうか、消費税がいくらになるから総額はこのくらい、といったことを細かく考えるようになり、無自覚な買い物を減らすことにも繋がります。考えるお買い物は、充実感もあって脳トレになります。

クレジットカードを上手に休ませながら、カードのない生活に慣れてみるだけでも、散財する習慣のデトックスになると思います。

ちなみに、このコロナ禍の影響で、オンラインのライブ配信など、クレジットカード決済しか対応していないサービスが増えたので、そういうときはプリペイド式のクレジットカードを使って決済しています。

便利なものは、だからこそ浪費しやすい。

キャッシュレス決済やネット通販など、さまざまな便利なサービスが私たちの生活のいたるところに浸透していますが、もうしばらくはシンプルでアナログな現金生活を楽しむつもりです。

お得にはキリがないから、ポイントは貯めない

知人がポイントにはまったことがあります。ちょうど生活スタイルが変わり、たくさんのものを買う必要があったこともあり、還元率の高い日やお得なネットストアを調べて検索ばかりしていたら、ご主人から「その時間、時給に換算したら、普通に買ったほうがお得じゃない？」と言われてしまったそうです。これはもっともだと思います。

今や国が「マイナポイント」を推奨する時代。キャッシュレス決済のポイント還元や、ウェブショップのポイントなど、次々と押し寄せるポイントの波に飲み込まれそうになっていませんか？

特に電子マネーはここ1、2年で急速に浸透し、「今なら○千円分のポイント還元！」というキャンペーンが盛んに行われています。つい飛びつきたくなりますが、この手のキャンペーンは「お得なのはビギナー期間だけ」という場合も多いので、冷静に付き合うほうがいいかもしれません。最初は大盤振る舞いだったのに、結局ポイントや新しい仕組みも使いこなせないまま、キャンペーンが終わっていたりします。

「お得」は、いくら求めてもキリがありません。時間をかけたあげく、お得を優先して妥協した商品を選んでしまったり。決済アプリがスマホにどんどん増え、どこで何にいくら払ったか、もはや把握できなくなります。

お金回りをシンプルにすると迷いがなくなって暮らしやすくなるので、ポイントは貯めないと決めていますが、さすがにパソコンを買ったときに「7000円分のポイントがつく」と言われたときはアプリでポイントを貯めました。そしてその場で使ってアプリを消しました。お得を求めて気づかないうちに疲弊していないか、どこかで自分で線引きして、心地よく暮らしたいなと思います。

シンプル・イズ・ベスト。定期預金で4000万円

私が4000万円の貯金を作った方法は、とてもシンプル。毎月の収入から貯金額を先取りするスタイルです。そして先取り貯金の残りでやりきる！だけのシンプルルール。

余ったら貯金というのは、意外に複雑で、きちんと家計簿をつけないと、月々どれくらい余るのか予測できず、使うお金の実態もつかみにくくなります。私は家計簿をつけないざっくり管理派なので、今のところ「先取り」に勝る方法はありません。

「先取り」の方法もシンプルで、月々の生活費を夫からもらったら、それを普通預金に。そして私の収入はすべて定期預金に回しています。毎月の月頭には銀行に行き、それぞれの口座にお金を振り込み、通帳に記帳するのが習慣です。

定期預金を選んだ理由は簡単で、仕組みがわかりやすいからです。そして、暗証番号だけでは引き出せずに、通帳と印鑑を持って銀行に行かなければ引き出せないなんて、この時代に「めんどくさい」ですよね。だからこそ、これが私の貯金を守ってくれます。

なにより、通帳をパッと見るだけで数字が明確に増えていくので、貯金に対するモチベーションが上がりやすいのが最高です。

毎月頭に通帳を記入しては、夫に「こんなにザクザク貯まったよ。すごい」とか報告しています。正直ちょっとキツいかもなんて月もありますが、その予算でやってみるのもゲーム感覚。工夫するのが楽しいです。

お金の流れがシンプルでわかりやすく、家計の管理も見えやすくなるのが定期預金のいいところ。私にとっては、定期預金こそがシンプル・イズ・ベストな貯金方法だったというわけです。

予定外の出費には、あえて「借金」をする

月々の生活費は、定期預金と普通預金をあわせたメインバンクの口座の普通預金に毎月1ヶ月分の生活費を入れています。

基本的には生活費は予算内でやりくりして、余ったら翌月定期預金に入れ、普通預金の口座は毎月ゼロリセットしています。こうして、一度リセットして新しく始めるほうが、私にはあっているようです。

予定外の出費のときも定期預金は崩しません。ではどうするかというと、あえて「借金」をします。といっても、自分の定期預金口座からの借り入れをするのです。あまり知られていませんが、定期預金を持っていると、それを担保に定期預金を崩さずに銀行から低金利で借り入れができるのです。リボ払いやキャッシングと比べると雲泥

の差で使いやすいです。

借入ですから、通帳の明細にはマイナスとしてしっかり記録されます。こうして負債が「マイナス」となってはっきり目に見えることで、使いすぎのチェックにもなるのが気に入っています。

そして翌月には、先取り貯金の額を減らして、借入分を返済します。

定期預金を崩さずに、あえて「借金」をする。この仕組みがシンプルで気に入っています。

ものの少ない家でシンプルに暮らすことは快適そのもの。お金に対する考え方も同じで、シンプルでわかりやすいと心地よく感じられます。無理せず楽しく、やりたいことには投資する気持ちを大切にしながら、焦らずにのんびりと歩いてきたのが「私のお金道」です。

「エア愛人貯金」で、やる気がメラメラ湧く！

定期預金は、ペイオフ対策で１０００万円ごとに預け先を変えています。私名義の通帳が増えてきたので、最近夫名義の定期預金を増やしていこうと決めました。ところが、自分名義のものと違い、人の名義のものは正直テンションが上がらず貯金に力が入りません。

そこで夫を私の愛人と思い込んでみてその愛人のために貯金するという、「エア愛人貯金」を始めてみたところ、これにはメラメラやる気が湧いてきました。

方法は簡単です。まず、エア愛人に貢ぎたいマンションや車の価格を調べて、具体的な目標額を決めます。そして「今は車が買えるな。マンションの頭金にはあとどれくらいあるといいかしら」など妄想しながら積み立てていきます。これが思いのほか楽しく、そんな貯金プレイに今は夢中です。

お金も「家族のために貯めないと」という義務感だけで貯め続けるのはストレスがたまります。

私は、ちょっとヘンな方法ではありますが、妄想するという工夫で、貯めること自体をゲームのように楽しむことができるようになって、どんどん貯まるようになりました。

思えば私の子どもの頃は、両親が貯金してときどき通帳の金額を報告してくれていました。その影響で、なんとなく「貯金通帳」が素敵なもの、ワクワクする楽しいものという潜在的なイメージがあるのかもしれません。

山登りのように少しずつ、景色を楽しみながら、足元を確認しながら貯めていく。貯金する過程を楽しむことは、モチベーションキープのために意外に大切な要素です。

保険は必要最低限。余裕が出たら年金資金を充実

我が家では、生命保険も医療保険も掛け捨てで、都民共済を利用しています。毎月の掛け金が1万2000円ほど、年間で14万円ほど。都民共済は掛け金の何割かが毎年戻ってくる（決算後、余剰金が生じたときに割戻金として戻される制度がある）ので、夫婦あわせて年間10万円以内に収まります。夫の死亡保険は事故の場合は2000万円ほどというものを選びました。都民共済を選んだ理由は、単純に安かったから。高すぎる保険料が家計を圧迫するという話はよく聞くので、この選択は良かったと感じています。

子どもの教育費のための学資保険はアフラックのもので大学に入る頃に満期になって300万円が360万円になって受け取れる形です。私はリボ払いやローンの重圧に苦しんだトラウマからか、長期の支払いを一括で払いたくなる性分。選んだ学資保

険は一括で払うと利率も少し上がると説明されたこともあって、途中で残りの全額を払い込みました。

それから、夫は独自にドル建ての年金を10年間払い終えていますが、やっていることそのものを忘れている様子です。忙しかったり、お金に興味関心が強い人でない場合、煩雑になると把握しきれなくなります。シンプルに徹したほうが自分の資産を把握してコントロールしやすくなると感じています。

私自身は節税対策と老後資金の貯蓄も兼ねて、国民年金基金に入っています。これは元本割れしないという点が私好みです。細かいところでは、自動車の保険とマンションの火災保険も入っています。

30代の頃はいつ何があるかわからない自分たちの収入のこともあって、手元にお金を残しておきたいと思っていました。困ったときにすぐに使える貯金は暮らしの土台です。だんだんとお金の面で余裕が出てきたこともあり、ここ数年で年金を視野に入れて充実させてきた、というのが我が家の事情です。

殖やす？ それとも貯める？
2、3年後の出費をリストアップして見極める

親しい人にiDeCo（個人型確定拠出年金）をやってみたいのだけど、と相談されたことがあります。どうしてやりたいのか聞いてみたら、なんとなく「みんながやってる」「お得そう」だから、と言うのです。

その人の年収は良いほうです。それなのにそれほど貯金がないと言います。所得控除のメリットを考えてみるものの節税対策は既にいくつかしているとのこと。その現状でiDeCoを始めるのはリスクだと思い、彼女に伝えました。iDeCoは始めたら原則途中で解約できません。途中で資金をおろせない、つまり60歳までおあずけをくらった状態です。なんでも自動反射的に「老後」優先で考えると「使える資産」が減り、目の前の小石が飛び越えられないかもしれません。20年後の老後が不安なのは共感するけれど、2、3年後に必ず必要な予算もあるはずです。

それを視覚化するために、一緒にこれからかかる大きな支払いをざっくり紙にリストアップしてみました。

すごく先のことは考えづらいですが、2、3年で考えると、具体的にイメージできます。

①子どもの大学費用
②住宅ローン

彼女はまずこのふたつを確実にクリアすることを目標に、iDeCoはいったん見送り、貯金を優先することにしました。その後、予想外にお子さんは大学5年生に進級（1年留年）という事態に見舞われ、学費が1年余分にかかったりしましたが、なんとかギリギリ払ったことを考えると、遠くを見すぎないで「今」と「2、3年先」をしっかり考えることが「遠い未来」の土台になるなと実感しました。

先日も就職を控えた20代の子が、iDeCoを先輩がみんなやってるっぽいから、自分も就職したら老後のために始めなくてはいけないかな…と相談してきました。

私も30代の頃は「年金が危ない」とセンセーショナルな情報を見続けて不安でいっぱいでした。だから就職する前から老後に焦る気持ちにとても共感しました。でも、落ち着いて考えてみれば、老後のその前にいろいろな必要経費と思いがけないアクシデントが必ずあります。

ちなみに、自分の20代の頃を考えてみると、

①マンションを買いたい
②自分の自由になるお金を増やしたい
③資格を取りたい
④パソコンを買い替えたい

けっこういろいろありました。そんなことを具体的にリストアップして、現在の家計の回し方でそれが達成できるのかを検証するのです。

投資は余っている資金でサクサクと回すくらいがちょうどいいと思います。投資することによってできる節税についてももちろん知っているといいと思うけれど、貯金

がない状態で始めるのはリスクだと思います。

私はまだそこに回す余剰金は我が家にはないと判断し、一途な定期預金を選び、資格を取ったり、ブログを始めたり、自分の稼ぎ力を上げる方向へシフトしました。

その判断をしたことで、家のローン完済や目的ごとの積み立てに集中でき、資格取得など、そのときごとの必要経費を着実に自分のペースでクリアできたから、今振り返るとその選択はすごく良かったと感じています。


iDeCoに限らず私は投資をしていません。

「殖やす」前に「貯める」。

このステップを飛び越えて「殖やす」に飛びつくと、うまくいっているときはいいけれど、落ちたときに怪我をします。怪我をすると回復にかなり時間がかかります。だから、落ちたときに「落ちちゃった！　オッケー大丈夫」と自分を守れるふわふわの「貯金土台」が大切なのです。

ぜひ2、3年後に必要な経費をざっくりリストアップしてみてください。

お金との付き合い方、3つのタイプ

自分がどんなふうにお金と付き合っているのか、その理解を深めることはお金を愛することにも繋がります。お金との付き合い方をざっくり3タイプに分類してみましょう。

ひとつめのタイプは、お金にガンガン働いてもらいたいスパルタ派。貯金よりも節税と投資を重視していて、単純明快な足し算よりも利率が複雑になるほど燃えるタイプ。不確実なものへロマンを感じる人のように思えます。

ふたつめは、甘やかして育てたい派。この考え方の人にとって、お金はかわいい虎の子ちゃんです。外出させるのが心配で、定期預金という別荘を用意してお金をかわいがります。利率なんていらないの、そのままのあなたでいい、そう甘やかしているうちに、いつの間にかお金が大きく育っている。単純ですが、当人にとっては愛情あふれるバラ色の関係です。

3つめは、お金に興味を持たずに放置してしまうネグレクト派。自分のお金にあまりかまってあげず、どこにいくらあるのか、今は健全な状態なのか、把握できていないことも。自分で始めたドル建て貯金をすっかり忘れていたり、ドライな関係です。忙しい人にも多いのではないでしょうか。

私自身は、ふたつめの甘やかす派で、とにかくお金に対して過保護です。甘やかして育てていても大きくなれば頼もしく、リストラの不安や子どもの学費といったピンチも、定期預金があるだけで安心感が格段に違います。

人それぞれ、自分だけのお金の愛し方がきっとあるはずです。今までのお金との関係性を振り返ったり、これからどんなふうに付き合っていくのか考えてみたり、お金の愛し方を見つめ直してみてはいかがでしょう。

マネー術を鵜《う》呑《の》みにしない。迷ったときは、自分がやりたいことを優先する

書店やネットにはいわゆるマネー術の情報があふれています。でも、それを鵜呑みにする必要はまったくないと私は思っています。自分にできることを自分がやりたいスタイルで、丁寧に続けることが大事なのではないでしょうか。

もちろん、金融商品やマネー術を否定するつもりはありません。私と相性の良い商品が出てきたらすぐに始める予定です。絶対にコレという正解がわからないからこそ、迷ったときは自分がやりたいことをやる。そうすると結果がどうであれ納得できます。

「私のお金道」は私が歩む人生にも繋がっている道です。周りがみんなやっているとか、損したらどうしようとか、そんなふうに焦る気持ちで日々を過ごすと、お金との

付き合い方もそれに似てきます。自分が安心できてハッピーな気持ちになれる。そんな方法を選んでいくことが、私らしい結果に繋がると今は感じています。

先ほど紹介した「エア愛人貯金」なんて、一見バカバカしいですが、私にとっては、モチベーションが爆上がりする方法なのは間違いありません。自分にあうスタイルであれば、それが貯金でも投資でもかまわないと思います。

生き方にしろマネー術にしろ、さまざまな情報に触れていると「～すべき」「～しないヤツはバカ」というメッセージを、知らず知らずのうちに植え付けられることもあるかもしれません。そういう状況になったときこそ、煽られないで深呼吸して、気になることとひとつずつ向き合って、可能な範囲でいろいろな人の違う意見を聞き、調べてみる。そうしながらのんびりいこうかなと思います。

本業か副業か。
コロナで変わったこと

私は30代から資格を使った仕事をしていて、それが自分の「本業」だと思っていました。数年前に始めたブログも思いがけない収入源になりましたが、ネットの収入はアップダウンが激しくて予測できません。ブログはあくまで趣味の延長の「副業」でした。

ところが「本業」と「副業」の線引きは、コロナ禍の前ではなんの意味もありませんでした。緊急事態宣言が出ている最中、「本業」であるはずの職場で1ヶ月ほど仕事がなく、このままリストラされることも覚悟しました。転職できるのかもわからない。「もうダメだ…」と打ちひしがれていた私にとって小さな希望になってくれたのが、「副業」だったはずのブログによる収入でした。お声がけいただいた、お茶関係のアルバイトを始めたことも重なって、「本業がダメになってもなんとかなる」と落ち着きを取り戻すことができたのです。

この出来事をきっかけに「本業」と「副業」を分けて考えることをやめました。できることをやろう、専門外のこと、できないと思っていたことでも、なんでもやってみようという気持ちは、就活した就職氷河期の頃に感じた気持ちと同じでした。

Ｚｏｏｍ（ウェブ会議）なんてプライベートだったら絶対やらないけど、仕事だからやる。やってみるとなるほど、これはすごいと感動しちゃう。こういう繰り返しで「仕事」は私を新しい世界へ連れていってくれます。

行ったカフェや、好きな場所のホームページの求人情報もチェックしています。そうすることが自分の可能性を広げます。

今の私の生き方は、大学生だった頃の自分には想像もできないような生き方です。仕事を辞めたり資格を取ったり、資格があれば安泰と思っていた仕事を失いそうになったり。きっとこれから先も思いもよらない未来が待っているはずです。

生活をミニマムにして、老後の不安を手放す

現在41歳の私は、いわゆる就職氷河期世代の学生として就職活動の時期を過ごしました。成績優秀な友達ですら契約社員しか働き口がないという状況で、私は「働けるならなんでもいい。無事に就職できたらラッキー」という心境で就活にいそしみました。

なんとか就職したものの、私は3年で最初の職場を退職。自分の周りにも転職した人はたくさんいて、ずっと同じところに勤めているほうが珍しいくらい。大手企業に勤めていた友人が会社を辞めたとか、好きな仕事についたけど過酷すぎて体を壊したとか、さまざまな話も耳に入ってきました。

その後も私は異業種への転職を繰り返し、30歳手前で子育てをしながら専門学校に

通う、というハードな体験もしてきました。夫のほうも大学に2回行っている強者で、学費を払うためにアルバイトと学業を掛け持ちし、大学院に進んだ後もフリーランスとして仕事をしながら研究に打ち込んできました。

夫婦の収入が増えて、お金にまつわる心配事が減ってきたのは、私が30歳を過ぎる頃でした。とはいえ、安定している状態とも言い難く、その年によって大きく収入が増えるときもあれば、ガクッと減ってしまうときもあります。

夫も私も「今の仕事を辞めようかな」と口に出した次の日には、本当に辞めてくるような生き方をしてきました。我が家では「安定した年収」にお目にかかったことがないし、40年間勤め上げて手に入る「退職金」もまったくの他人事で暮らしてきました。

○遠い老後に備えすぎる前に近い未来を見る

今では、周りにも60歳を過ぎて働き続けている人が増えてきて、働かなくなったときが老後、私にとっての老後はまだまだ先、という見方で捉えています。「仕事」は自分を新しい何かに繋げてくれるから、一気に手放すのは60歳では早すぎるかもとも感じます。

老後にまつわる課題として、自分たちの介護費用や家のリフォーム費用などが気になる人もいるかと思います。私の正直な感覚で言うと、10年後、20年後のことを計画するのはなかなか難しいのではないでしょうか。

10年後に車椅子を使っているかもしれないと想定して、家の中をバリアフリー仕様にリフォームしておくのも安心に繋がることだと思います。

でも、何年後の自分に車椅子が必要なのか、それとも元気いっぱいで働いているのか、それとももうこの世にいないのか、私には想像がつきません。リアルに想像できるのはせいぜい数年以内のこと。今の我が家なら、子どもの高校と大学の必要経費あたりです。そこは夫や子どもと話したりして、なんとなくイメージして貯めています。

老後という遠い未来を不安に思いすぎるとキリがありませんが、生活をミニマムにできたことで、「これでやっていけそうだな」「なんとかなる」と実感できることが増えて、安心できるようになりました。生活を小さくすることは、老後のことを考えても、ものすごくコスパがいいというのを実感し続けた10年でした。

何十年も先のことなんてわかるはずがない。遠い未来の不確実なことで悩む前に、確実な今を積み上げることを大切に暮らしてきました。

シンプルに楽しみながら、今自分ができることを続けていく。

「みんながやってる」というセリフに流されない。

飛び道具を探さない。

そんな地味でシンプルなことばかりです。着実に歩くと結果がついてくるし、なによりも自分自身が納得できます。

そしてその先にある老後という未来も自ずと開けていく。

老後の私を今の私が大切に育てている。

私はそんな気持ちで毎日を過ごしています。

第4章

家族を愛しながら自由に暮らす

家族はこうあらねばならない、
なんて思いに縛られず、
ときには正解を軽やかに手放してみる。
自分の本当の気持ちに正直になれると、
お互いに優しくなれ、
新しい信頼関係が築けます。

おごるのが大好きな夫に強制せずに貯金できた方法

私の夫はおごるのが大好きなタイプです。それに私はイライラしていました。私は夫とはまったく逆のタイプで、おごったりおごられたりはどちらかといえばめんどう。おごってもらったからお返ししようとか、相手に負担になっていないかとか、あれこれ考えてしまうので、割り勘のほうが気楽です。だから、夫がおごるのは心底バカらしいと感じていたのです。

家計について真面目に立て直そうと思ったときに、この夫の「おごり費」にビシッとメスを入れようと決めました。ところが「おごりすぎるのはムダ」という正論で追い詰めるほど「そんな話はくだらない」とケンカになるか「その話はもうしたくない」と逃走されるか、思いっきり嫌われました。

このままでは家計どころか家族崩壊。私のアプローチの仕方が間違っていると思って、作戦をゼロから立て直すことに決めました。

まずは夫の行動パターンを観察し、相手のことを知るところから始めます。夫はもともと宵越《よいご》しの銭は持たない人。使い方も大胆なタイプです。かなり面倒見が良く、頼られるとめちゃくちゃ張り切ります。そしておごられる相手は百戦錬磨の甘えっ子気質で、小難しいことを考えないハッピー思考です。

夫がおごっている相手には、年下でも年収が夫の倍以上ありそうな人もいます。観察してみると、おごりおごられる2人の関係は「お金」を超えたピュアな愛の関係でした。

自分の年収をはるかに超えた人に、ちょっと無理しておごるとかナンセンスじゃない⁉なんて冷めたことを考えている私はただの邪魔者。完全なる敗北を認めるしかありませんでした。

とはいえ、「絶対使いすぎでしょ！」という不満をどう解消したらいいのか途方に暮れました。そこで私がとった戦術は、私も夫におごってもらう、というもの。「おごり費」を使いすぎているなというときには、問い詰めたりせずに、シンプルに夫を頼ってお金をねだりに行くことにしたのです。

出かけるときに「2000円ちょうだい」とねだってみて最初は夫に怪しまれていましたが、それでもブレずにときどきねだり、くれるときには「やったー！　嬉しい」とか「お金大好き」と素直に喜びまくっていると、夫の財布がバンバンゆるみだしました。

「勝って兜《かぶと》の緒を締めよ」と、それでも油断せずに私はことあるごとにねだり、くれないときは寂しそうにちょっとしゅんとして、くれたときには大喜びという単純明快な対応をしていったところ、どんどんお金をくれるようになってきて、今では何も言わなくても「あげるね」とお金をくれるようになりました。

夫に臨時収入があると、夫婦の間で2万円とか現金がとびかう素敵な環境に変貌したのです。

そして私はそのもらったお金を夫の定期預金に積み上げて鍵をかけて「おごり費」で過剰に流出した分を密かに回収し続けているのです。

ここで肝心なのは、夫の「誰かにおごるのが大好き」という欲求を抑えつけないことです。夫の「おごり費」は、夫の必要経費として保護して、「夫のお金は夫のもの」という結界を守り、貯金ダムから流出しすぎていそうなときには「サクッと回収」する。これが、私の開拓した満足度の高い解決法です。

貯金というと、節約することやお金を使わないことばかりに目が行きがちです。でも、現場は教科書どおりにいかないものです。

私の方法は自分でもあきれるほどにクレイジーだと思います。

けれどそれが抜群に効いています。

東京23区住まいなのに、車を手放さない理由

私と夫が繰り広げてきた戦いのひとつに、車を手放すかどうか、という問題がありました。
私は、東京で暮らしている自分たちにとって車が絶対に必要だとはどうしても思えませんでした。電車やバスといった公共の交通機関が張り巡らされていて、どこへ行くにしても便利で簡単。知人の中には、車どころか自転車すら持っていない身軽な人もいました。

車を所有するとかかる費用の項目をリストにしていくと、税金、保険、車検、ガソリン代、駐車代、メンテナンス費、高速料金。案外多くてますますいらない気がしてきます。デパートの立体駐車場は難易度が高いし、都内の道路にある縦列駐車のスペ

ースは本当にここにとめるの⁉というくらい狭い！

こんなふうに、私には車を所有することのデメリットが浮かびまくり、車は乗りたいときにレンタルすればいい、タクシーもアプリですぐに配車できる都内に住んでいるのだからと、とにかく車を所有することに反対！


ところが夫は車が大好き。車は「美しい」から見れば楽しく、乗れば嬉しい。それはもう理屈を超えた「車偏愛」です。

一緒に街を歩いていると、私はオシャレなお店の内装にうっとりとして、夫はいつでも「道路」に夢中です。

「あっ、あれはイタリアの車で、このあたりに試乗できるお店があるよ」と話し始め、私が「音がうるさいから乗ったら耳が疲れる」と伝えてみても、夫の耳には届きません。「ハンドルがパピプペポ」「重さがパピプペポ」…。もう興味なさすぎて、何を言われても主語以外はパピプペポに聞こえてきて会話は破綻します。


そんなまったく意見が真逆の2人に、車を買い替える話が持ち上がってきたらどうなるでしょうか。「車を買い替えたい」夫と、「車というムダにかかる費用をバッサリ削減したい」私の一騎討ち。やるか、やられるかどっちも本気です。本気で別離が頭をよぎる、危機的状況までいきました。

結果、私の家計を守るための「正論」は、夫の車に対する「夢と恋」に大敗。そのすごすぎるパワーに私は、「もうダメだ。諦めよう」と恐ろしくなり「収入が減ったり、困ったりしたときは車を手放す」という確約を結んだだけで車戦争は終わりました。

夫が初めて車を買ったのは子どもがまだ小さかった頃で、「欲しいなあ、買おうかなあ」と言っていたと思ったら、一目惚れした38万円の中古車をいつの間にか買ってきてしまいました。それからというもの2、3年に1回程度の頻度でお気に入りの中古車に乗り換えています。車にかかる月々の費用も夫が自分で払っています。

夫婦は考え方をあわせることが必須といわれますが、「絶対あわないこともある」と悟れたことは良かったです。

漫画の『めぞん一刻』で、亡き夫の惣一郎《そういちろう》さんを想い続ける音無《おとなし》響子さんに、五代君が最終的に惣一郎さんのお墓の前で「あなたもひっくるめて、響子さんをもらいます」と宣言したシーンがあります。深すぎて、若い頃はさっぱり理解できませんでしたが、その人を愛する場合に、自分が認めきれない部分だけを都合よく切り離すことなどできない。その部分まるごと愛することが重要なのだとわかってきて、私も「車偏愛」ごと夫を大切にしよう、と考えが変わってきています。

「車」を抜いた夫は仕事にも愛情深く取り組む、めちゃくちゃ貯金ゲームに強いプレイヤーのはずなのに、車に骨抜きにされてそれができない！「車偏愛費」は家計の中で相当重たいですが、そこに不時着するしかありませんでした。恋はいつの時代でも無敵なのです。

代わりに夫が車に恋してポーッとなっているご機嫌なときに、他の項目を削り倒しました。ケーブルテレビの解約、固定電話の解約、保険の見直し。こまごましたことをサクサク削減。それでよしとしています。

休日は家族バラバラ、自由に放牧して過ごす

「正しい家族」伝説には、妻が夫を支えるべき、夫はイクメンで仕事もこなすべき、とか、新旧さまざまなものがありますが、「なくても大丈夫」なものがいっぱいあります。

例えば私は「休みは家族で一緒に過ごす」という習慣をやめました。自由に放牧し合って、それぞれが外で遊んできて家で待ち合わせ、という休日を送るようになってから、とっても快適で暮らしやすくなりました。

きっかけは子どもが小さい頃に、休日も早起きして9時くらいには公園に行きたくなっていたことです。私も早く出かけて早く帰りたいタイプなのですが、夫は、休日くらいはゆっくり過ごしたい派。スタートが遅い夫をいつも「早くして、早くして」

とせかしてばかりで、ストレスいっぱいでした。

そもそも休日の過ごし方も、夫婦でやりたいことが違うのです。

田舎育ちの私は、自然に触れたいし爽やかな風に吹かれたい。一方都会育ちの夫は街遊びが大好き！


それで、ある土曜日に夫を放牧することにして、私が子どもと2人で遊びに行ったら、意外にいい！と発見しました。3人の意見をまとめていたところが、2人ならサクッと決まりフットワークが軽くなりました。入場料は大人1人分減り、その浮いた分を2人が使えます。予算にゆとりができて満足度も上がりました。行かないほうは自分の時間を自由に満喫し、ゆっくり体を休めることもできました。

私がひとり放牧されて、夫と子どもで都会に遊びに行くときもあります。その日は昼過ぎまで眠って、そのあとに風呂で読書という、まさに夢心地の休日が送れます。

「いつも一緒に」と縛られているときには、不満しか感じないほど夫との関係が悪化していましたが、別々に出かける制度を導入してからは心にゆとりが生まれて、2人で出かけてくれる夫が大好きになりました。今では子どもが中学生になったので、みんなそれぞれの休日を過ごしています。気が向けば待ち合わせをして一緒に過ごすこともできます。

家族バラバラなんて寂しい、と言われることもありますが、実践してみると満足度はすごく高いです。

○母親だってお休みしていい

家族一緒にお出かけすることに縛られていた頃は、帰宅してごはんをつくるのは私で疲れ果てていました。明日も早いのに、疲れている状態で家事をしないといけない、無意識のうちに夫に敵意を抱いていました。

それが2人で遊ぶと、放牧されていた1人が家で元気で待ってくれているので、すごく安心感があります。ごはんを作って待っていてくれるわけではないけれど、「ごはんを作って」と言ったら、作ってくれる余力もある。

母親業というのは、子どもを産んでからずっと休みがありません。休めるのは、具合が悪くなったとか、どうしても外せない仕事や用事があるときだけ。それに耐えなければならないと思い込んで自分を縛ってきました。

でも本当は、母親だって「気が向かない」くらいの軽い理由で、放牧されることがとても大切な気がします。

家族がお互い好きなときに休める関係は、安心が生まれて、信頼が深まります。

以前の私は優しい母親や、理解ある妻をやろうとしてできなくて、それに落ち込み、回復に時間がかかっていました。

でも家族こそ、いつも一緒にいるからこそ、不満がたまるのは普通のことです。時々夫や子どもを嫌いになっていいと思えるようになって、すごくラクになりました。不満はためるのではなく、伝えていい。そして不満は伝えていいけど、そこで相手が変わらなくてもいいと思う。そんなふうに自分の本音を大切に暮らし、家族の風通しが良くなりました。

スマホ代は無理してまとめない

スマホ代を家族割で支払っている家庭も多いと思います。格安スマホの家族割へ切り替えれば、年間何万円もスマホ代は安くなる。これは周知の事実です。でも我が家はそうしていません。

①夫…携帯は仕事で使う重要な道具。仕事道具はいいものを使いたい。トラブルがあったらすぐに対応してもらえる店舗があるのは心強い。最新機種大好き。ソフトバンクでｉＰｈｏｎｅを愛用。

②妻…使えればなんでもいい。スピードが遅かろうと低スペックだろうと、こだわりはないから格安ＳＩＭで。スマホの機種はデザインよりも「落としたときに壊れないタフさ」が重要だから、Ａｎｄｒｏｉｄの型落ちを選択。スマホにお金

をかける意欲ゼロ。

③子ども（中学生）……iPhone命。iPhoneを使えるならなんでもいい。周りはみんなiPhoneなので、情報共有するのに便利。

このように、バラバラな考えがけっこう強烈にうごめいているのに、簡単にサクッとまとめてしまうと、不満が高まって分裂が起き大変なことになるかもしれません。

だから私の家では夫のスマホ代は独立、私と子どもは格安スマホでおまとめプライスです。まとまらないからお金はかかるけれど、「自分の気持ちが尊重されること」は暮らしのモチベーションと、仕事に対するモチベーションに繋がるので、コスト以上の価値があると思っています。

宝くじで楽しみながら寄付をする

意外に思われるかもしれませんが、私は宝くじが大好きです。初めて買ったのは大学生のときで、100円か200円のスクラッチくじ。宝くじ売り場では、窓口の方が5枚くらいのくじをトランプのように差し出して、どのくじにするかを私に選ばせてくれました。迷いながらも1枚引くと窓口の方からは「当たりますように！」というおまじないの言葉。結果はあっさり外れてしまいましたが、私にとって宝くじ売り場での体験はとてもワクワクするものでした。

それからというもの3〜5ヶ月に1度くらいですが、なんとなく気まぐれにスクラッチくじを買うようになりました。

宝くじを買い始めた当初は意識していなかったことですが、売り上げの一部は自治体の財源として使われています。震災などの復興支援として販売される「復興宝くじ」というものもあります。家族で京都に旅行したときには、京都御所で座ったベンチに、宝くじのマークがついていました。調べてみると、ベンチだけでなく高齢者や妊娠中の方の医療費などにも、宝くじの売り上げが充てられていることがわかりました。

「ギャンブルは胴元が儲かる」のが本質です。宝くじで儲かる胴元は自治体という自分の暮らしと密接に関わるところなので、ここが儲かると、自分の暮らしや誰かの暮らしにとっても有意義で役に立つのです。

一攫千金を夢見て大金をつぎ込むのではなく、初めから「お遊び&寄付」で付き合うと思いっきり楽しいです。

ギャンブルだと思ってギラギラすると、痛い目見ること間違いなしですが、自分たちの暮らしに役立つと思って、楽しみながら寄付したい額を決めてちょっと遊ぶ。当たっちゃったらどうしようとドキドキしながら寄付できる！　これが私にとっての宝くじの醍醐味です。

手作りのお弁当、やめました

私の職場では、お弁当を作る人もけっこう多くて、男の人でも素敵にラタトゥイユなんて作ってきたりします。お弁当男子を目の当たりにすると「作らなきゃいけないかな」と、焦ったこともありました。でも、いろどりを考えて普段は買わない食材を買ってみても、使い慣れなくてすべて使いきれずにムダにしてしまったりします。夫はお弁当を持っていかないし、子どもは給食。お弁当ひとつのために食材を買うのは結局割高でした。

かといって残り物で作るのは私の楽しみになりません。近所にある有名なパン屋さんのサンドイッチを購入するほうがワクワクします。300円ほどで、ボリューム満点でお野菜たっぷり。さらにマスタードなど家で買うと余ってしまう調味料も楽しめます。

美味しくて、こっちのほうが私自身の満足度も高い、コスパもいいということで、そのパン屋さんは、自分のお弁当を用意してくれる、すごいキッチンだと思うことにしました。買ったパンそのままだと味気ないので、かわいい布に包んで職場に持っていき、ワクワクしながら食べています。

食費は、使おうと思えば無限ですが、削減しても一定以上過ぎるとそこからは大きく変わりません。節約すればするほど無理が生じるところなので、外のものを上手に使ってご機嫌に過ごすほうが、メンタルが健やかで、結果として家計にも優しいです。

外食やお惣菜、お弁当など地元のお店を使って、自分の街のお気に入りを増やしていくと「外食が多いなんていけないこと」とか「なるべく家庭でやらなければ」「自分でやらなければダメ」と閉じ込められそうになりがちだった気持ちが変わります。

外食やお惣菜を上手に使って、自分を追い詰めない

外食やお惣菜を利用するのに「今日は体調が悪いから」「仕事が忙しいから」とまっとうな理由を見つけなくても、「本日は気分がのらないので街の食卓に遊びに行こう！」「今日はお惣菜パラダイス。好きなものを選んで楽しもう」と街中のものを楽しんでみたら、暮らしの楽しみが増えます。

実際のところ、作るよりも買ってきちゃったほうが安くて美味しいなあ、さすがプロの技術！ということもたくさんあります。そして家でしかできない、自分の家の素朴な味にも気づくことができます。心を開いてどんどん利用することが暮らしを豊かにしてくれて、安心が増えていく気がします。

「正しくあらねば」と苦手なことに立ち向かって消耗して自分を追い詰める、そのストレスは意外に大きいです。そしてそのストレスは自分より弱い人に向けられて、自分が無意識のうちに誰かに対して攻撃的になってしまったりします。

まずは自分が安心できる環境を自分で開発していく。スーパーやお店など外のサービスをどんどん頼って使っていくことは、街の仕組みも育てます。

「家族」を飛び越えて知らない人同士でちょっとずつ家事をシェアする。ステレオタイプの「正しさ」から距離をとる。

今の自分に快適で安心なほうを落ち着いた気持ちで利用していく、それだけで暮らしの満足度はどんどん上がります。

ゆるやかな「孤食」で家族のストレスが減る

「孤食」という言葉をご存じでしょうか。簡単に言ってしまうと、ひとりきりでごはんを食べることです。孤独で寂しいイメージで、「孤食」に対して悪い印象を持つ人がほとんどでしょう。けれど我が家はゆるやかに「孤食」にかじを切ってハッピーになりました。

私自身、以前は「家族だったら同じ時間に同じものを食べるのが当然」だと思い込んでいました。でも遅く帰ってきた夫があまり食べず、残り物が出てしまうことにイライラしたり、子どものために工夫したレシピなのに喜んでくれなくて落ち込んだり、「忙しい中作ったのに」「人の気持ちを考えないの？」とモヤモヤ。いつも残り物を食べている私の毎日って…と苦しかったです。

おそらく最初は完全なる「逃避」で始めたこと。

あるとき夫にすべてを丸投げしてみたら、夫は生き生きとして外国の気になる食材などのお買い物を楽しんだり、紅茶を2種類混ぜてブレンドしたり、独自路線で楽しそうに料理する姿を見せてくれました。私が作らなければならないと思い込んでいたことが、正解ではないのかもと気づいたのです。

今では子どもと夫が食べると言えば作り、食べないと言えば作らず、食べると言っても気が向かなければ作らず、かなり奔放に暮らしています。子どもに、冷蔵庫にあるものを見渡して作れるものは何か問いかけ「卵が焼ける」「肉も焼ける」など提案して、作り方を簡単に教えることもあります。

もちろん「絶対孤食」とこだわっているわけでもないので、一緒に食べることもあります。逆に自分だけが食べたいときには、カルディで買った100円のトムヤンクンラーメンや納豆ごはんなど、「本当に食べたいもの」だけを簡単に作ってご機嫌に食べます。

夫は元から探究心がすごいので、自分好みの料理を作る情熱が増す一方でレシピ開発にのめり込み、外食が減り、自分のためにいれる紅茶が美味しすぎて、外でも飲みたくなると水筒持参で出かける紅茶男子にすくすく成長しました。「肉にはフルーツ」という、私には理解不能の掟のもとに、肉を焼いてキウイのスライスを添えるという、ガーリーな一品を楽しんでいます。孤食のおかげで夫の新たな一面をみることができました。

「会話のない家族」とか「孤独な食事はかわいそう」というイメージを持たれないかとハラハラすることもありますが、私の家は子ども部屋以外は20畳ほどのＬＤＫひと部屋の小さな暮らしです（以前は寝室とリビングに部屋が分かれていたのですが、壁を取りはらってひと部屋にしました）。テーブルもひとつしかありませんから、食事する家族と同じテーブルで私が仕事をしていたりします。同じ時間に同じ食卓を囲まなくても、どこかには家族の気配があります。家の壁を取りはらってひとつの空間にしたときに、夫はこの空間を「私の広場」と呼んでいましたが、なるほど、それぞれが自由に過ごしているこの場所の居心地のよさは、広場に似ていると思います。

現代の暮らしは、夫が夜遅かったり 子どもが朝早かったり、「家族一緒に」というところから無理が生じることも多いと思います。食生活はCMのようなみんな一緒の食卓モデルと違っていてもいいと吹っ切れて、私のストレスが減りました。家族も私から追い詰められることが減り、買いすぎることも作りすぎることも減って、食材のロスも減りました。

今ではそれぞれがキッチンで自由に遊んでいます。キッチンは「母親の城」なんていう言葉を昔は耳にしてきましたが、私の家はみんなのキッチン。

誰か一人に料理をゆだねない、「母親」「父親」「子ども」「女性」「男性」とかイメージにとらわれるのをやめて、みんな自分で料理できちゃうソロプレイヤーになると食卓に安心が増えて、ソロプレイヤー同士で知識や経験をシェアするキッチンができます。キッチンを開放区にするとワクワクしてきて無限の可能性を感じることでしょう。

食材の買い出しは夫が担当する

「孤食」を取り入れたのと同じタイミングで、私は「食材の買い出しは私の役割」という思い込みをあっさり捨てることにしました。

それまでは、家族のために料理を作るのは私で、家計と体に優しいレシピを考えるのも私。だから、食材を買いに行くのは私の役割、というのが自然な流れでした。でも買い出しの役割も適材適所、誰がやってもいいのだということに気づいたのです。

我が家の場合、食材の買い出しに向いているのは夫でした。夫は自覚していないかもしれないけれど、買い物が好きなタイプ。初めて出会う食材への好奇心も私より強く持っています。筋トレ好きで力持ちだから、重い買い物袋を持つのも苦ではなさそうです。私はというと、買い物よりも貯金が好きで、できることなら買い物をサボりたい気持ちでいっぱい。夫が食材の買い出しをメインで受け持つほうが理にかなっていたのです。

夫はこれで買い物を楽しみ、新しい食材との遭遇にワクワクする体感が増え、買い物欲が発散できるうえに、靴や服などで買い物を楽しむよりもかなりコストが削減されるのです。私は時間にも余裕ができて貯金に集中できるし、夫はお買い物で好奇心と衝動が満たされる。

納豆とか魚とか、夫は嫌いで買うことがなく私1人だけが食べたいものは、自分で買って帰ることもあります。また、好奇心のままに夫が買ってくる食材は、コストが高いです。でも、夫は買ってきた食材を料理する楽しみも発見し、外食で散財するケースが減少。結果として、家族全体のトータルの食費は下がっています。食費が減るのはもちろん嬉しい変化ですが、それだけでなく、家での食事の「満足度」も上がっていいことずくめです。

夫婦で家計をひとつにできなくてもいい

私のように家族がいるミニマリストの場合、よく聞かれるのが「家族の理解はどうやって得るんですか？」ということです。暮らしに関してもお金に関してもよく聞かれます。結論から言うと、我が家はけっこう自由です。

お金を貯めるなら共働きでも家計はひとつにしたほうがいいとよく聞きます。我が家も以前は家計をひとつにしようと、夫婦で話し合ったこともあります。けれどこのときの夫は、自分の収入を夫婦で共有するのを嫌がって、お互いに不信を募らせたあげく、すぐに家庭は戦場と化してしまいました。今では新婚夫婦の約半分が、別々のお財布管理という話も聞きますし、収入を共有したくない、という夫の感覚も、私はごく普通の感覚だと理解しています。

そういう経験のあと、私は収入をきっちり管理するよりも「働き続けるモチベーション」を保つことを重視することにしました。「正しい家計」にとらわれすぎると、私たち夫婦にとっては争いの火種でしかないと気づいたからです。

夫がもらっているボーナスの金額を私は知りません。毎月の生活費を一定額もらって、それ以外はすべて夫にゆだねています。おそらく、彼の趣味の自動車や研究、交友費にガンガン使いまくっていると予想していますが、夫はとても幸せそう。これで夫のモチベーションが上がり、仕事も頑張ってくれて、夫との平和な時間によって私のモチベーションも上がります。これが私たち夫婦にとって理想的な家計だと思います。

また、夫婦それぞれで自分の収入を管理してきたおかげで、パートナーの収入をあてにしすぎない、自立する感覚も育てられました。私が失業したら夫に協力してもらい、夫が失業したらギリギリながらも私が養うこともできる。これも、人生のアクシデントに対する備えになっていると思います。

第 5 章

試行錯誤しながら進む、子育てとお金

子育てってなんでしょう？
思いっきり迷いながら、
子どもと一緒に育つこと。
子どもと一緒に学ぶこと。

子どもの気持ちファーストで
一緒に冒険します。

子育て世帯なら、
避けては通れない教育費についても。

子どもの塾代をディズニーリゾートで浮かす

教育費をどうするかという問題は、子育て世帯なら避けて通れません。我が家も、子どもが希望することにできる限り応えたいと思っています。今のところ子どもは中学2年生ですが、塾には通っていません。

小学6年生の後半、「塾に行きたい」と通いだしたのですが、中学に入学してみると授業、課題、部活が小学校の比ではなく重い！　塾は部活のあとの19時から21時。塾帰りに「疲れたから休みたい」と言われると、つい気軽なカフェに寄ったりして、帰宅が22時を過ぎることもありました。部活練習も相当ハードなようで、家に帰宅すると制服のままベッドで寝てしまったり、学校と塾の宿題を夜更けまでやっている姿は、ブラック企業のニュースを思い浮かべてしまいそうなほどハードな生活でした。

こういう生活が当たり前という人もいるでしょうが、結局中学生になって数週間で塾を引退し、学校の宿題、課題、部活に専念することにしました。

周りに聞いてみると、塾に行っていないのは本当に少数派です。行かなくていいのだろうかとひたすら不安！　そんなときに子どもが夢中になったことはディズニーリゾートに子どもだけで遊びに行くことでした。そこで考え出したのは勉強のモチベーションを上げるため、「定期テストが終わったらお友達とディズニーリゾートでいっぱい遊ぶ」というご褒美設定でした。

子どもと話し合って、塾代をディズニーリゾートにつぎ込むことに決めたのです。塾代の代わりだから奮発して1回出かけるごとの予算は2万円です。思った以上に効果絶大で「テストが終わったらディズニーだ」と、おまじないのように唱えながら勉強していました。動機は不純ですが、学習がはかどるようです。中学1年生の頃はこれで順調に学習と遊びにメリハリがあって楽しく過ごせたようです。

以前行っていた塾の月額は2万5000円で、周りに比べると安いほうでした。中学で個別授業3教科くらいになると、月額5万円くらいすることもあるそうです。我が家は、定期テストごとにディズニーに毎回行っても、2万円×年間5回程度ですから、塾に比べるとかなりリーズナブル。子どもの満足度も高く、毎回嬉しそうでした。

ただ、わからない課題があったときに聞く人がいないのは困る、やっぱり塾に入ってほしいと思う気持ちもありました。子どもはさすがスマホが大好き世代で「誰かに聞く」よりも「スマホに聞く」ことが習慣になっています。音声検索で知らない単語の意味を調べたり、課題の解き方を無料動画でサクッと検索しています。

スマホは子どもの都合にあわせて、好きなときにどんどん教えてくれるうえに「どうしてわからないの！」なんてお小言もゼロ。何度でも落ち着いて教えてくれる頼もしい家庭教師です。

もともとは、スマホを使いすぎないように、小学生のうちは持たせないでいましたが、中学2年生になって自分専用スマホを持たせたところ、遊びだけでなく、勉強にも活用しています。

いろいろ迷いますが、自分で大切にしようと決めた教育目標はひとつ。「学習意欲を育てる」こと。塾に通っていた時期は、忙しい毎日で子どもが疲弊してしまうのではと切実に心配していたので、笑顔で出かけていく姿を見るだけで安心することができました。

周りに聞いてみると、現在、塾も習い事も行っていないのは、我が家と数人のみ。一応、成績に2がついたら塾に通うという決めごとはしています。

Suicaをやめて、お金の「肌感覚」を育てる

ICカードを使った交通系の電子マネーは、きっと誰もがご存じのキャッシュレス決済でしょう。東京ではSuicaやPASMOという名称で呼ばれていて、地域によって名前が変わったりしますが、切符の代わりにICカードを使って電車の改札を通る、という仕組みは同じです。私も以前は電車に乗るときにICカードを利用していましたが、今は切符を毎回買っています。

きっかけは、子どもにお金を使う肌感覚を伝えたいと思ったことです。みなさんは、普段使っている路線の初乗り運賃がいくらなのか、覚えていますか。あるいは、自宅から職場までとか、親が住む実家までとか、よく行く場所までの運賃がいくらなのか、パッと答えられるでしょうか。子どもに、そういう感覚をリアルなお金で知ってもら

いたかったのです。その感覚さえつかめば、カードを使ってもいいと思いますが、最初からカードでは、いったい何にいくら使っているのか、実感がつかめないと思いました。

現金で支払っているおかげで、このくらい乗るなら、いくらくらいという妥当な金額が予測できるようになり、お金に対する肌感覚が育ちます。電子マネー化で飛ばされがちな、基本的な感覚を身につけることができます。

中学生になって子どもだけで出かけるようになったので、カードに切り替えましたが、私自身は硬貨を扱うことを含めて、切符を買うことそれ自体が、脳活トレーニング感覚でおもしろいので続けています。特に改札口は、カードならどこでも出られるけれど、切符で出られる改札口は限られているので、離れた場所から「切符で出られる改札口」を判別し、人の流れに乗ってお目当ての改札にたどり着くという過程そのものがリアルなゲームと化していて、ひそかに楽しんでいます。

ムダ遣いするなら子どものうちに！

どんな親でも子どものお金の使い方が気になってしまうものだと思いますが、世代の違う親子間でいいと思うものが違うことはよくある話です。例えば私の家では、子どもはビニール傘を使いたいと言うのですが、私は傘は雨風に耐えうるしっかりとした傘を持ってほしいと思っています。

しっかりした作りで使いやすい傘を買ってあげると言っているのに、ビニール傘を持ちたいのはどうしてなのか聞いてみると、好きな洋服に合うからビニール傘がいいということでした。確かに子どもの着ている服にはビニール傘が似合いそう。観察してみると周りの子もビニール傘にちょっとデザインが入っているものなどを使っています。

ネットで検索してみるとビニール傘も進化していて、雨風に強い作りで値段もいろいろです。ちょっと雨をしのぐためのコンビニで300円くらいのビニール傘とは違う作りのものがさまざまあって、「ビニール傘は簡易的なものですぐ壊れる」という私の認識は古かったのだとわかりました。

また私は中学生の頃にビニール傘を使うことがなんとなく恥ずかしいと感じていたのですが、子どもの世界では、かしこまった感じのしないビニール傘のほうがオシャレみたいで、なるほど子どもたちが並んでビニール傘をさして歩いてくると非常にかわいくてオシャレと自分の感じ方や捉え方も変化していきます。

そういうこともあって子どもが選ぶものはできるだけ子どものしたいようにさせています。何が欲しいか、それはどれくらいの価格なのか、その金額は高いのか安いのか考えて、子ども自身が選んだものを使わせてみる。子どもがすごく安い文具を買ってきたときはすぐにヒビが入ったりします。こんなふうに「けっこう壊れやすいな」と感じるという体験を通して価格による質の違いなどについて考えたり、実感するのは大事だと思います。文房具やトレンドのものなど、私の考えとは違う買い方をたくさんしますが、言いすぎない、干渉しすぎないほうがいいかな、と我慢しています。

子どものお土産選びも私とはまったく違います。

例えばディズニーランドに行くとき、お土産をどうするのか聞いたら「買ってきてって言われた子だけに買う」と言うのです。聞くとたくさん行っている子はすでに持っているものだったり、趣味じゃないものはもらっても困ると、お互いに伝え合って調整しているようです。

私の年代だと、相手がどう思うかなとか推し量って、とりあえずみんなに同じものを買っていこうとか無難に考えるけれど、子どもはお土産を買ってきてと言われた人に希望のものを聞くこともあります。お友達によっては画像検索してこれが第一希望と伝えてきたり、好きなキャラクターのものを選んできてほしいと言ってきたり、買うお土産もその子によって違うらしいです。

そんなのみんなに言われたら応えきれないいんじゃゃない？と心配しましたが、そしたらそう伝えればいいとのこと。

あるときはお土産に熊本とは遠く離れた場所で「くまモン」グッズを選んでいたので、ここのご当地キャラクターはこっちだよと教えると「知ってるよ。でも友達はくまモンが欲しいって言ってたからこれにする」とか自分たちの心地よさに忠実な姿はなんだか潔いです。子どもの関係や伝え方はすごく合理的で驚きました。考えてみれば、みんなが同じものを欲しがる時代はもうとっくに過ぎていて、自分もキーホルダーとかいっぱいもらっちゃうと使わないまま引き出しにたまっていたし、趣味にあわないものをもらうと困惑するので、ムダなものにお金を使わないとはっきりしているのは相手も自分もやりやすいかもしれないなと思いました。自分の要求をシンプルに伝えて、相手も自分の都合をシンプルに伝える。そうし合える関係は清々しくて、新しい関係のようでいいなと、うらやましく感じることもあります。

子どもに対して「ムダ遣いしすぎるのではないか」という心配は全然ありません。むしろ「ムダ遣いしたらお金がなくなってしまう」という感覚を今のうちにしっかり体感してほしいと思っています。

じっくり迷って買って失敗してそれを振り返る、これを丁寧に繰り返していくと、

「たぶんこれを買ったら3日で飽きる」など自分のパターンを予測できるようになり、経験値が蓄積されて将来の判断に役立っていくと思うのです。

子どもの頃のムダ遣いは100円とか500円とか、多くてもせいぜい数千円。大人になるとムダ遣いの金額が桁違いに大きくなり、挽回するのにパワーが必要になります。だから「ムダ遣いをしてしまって、今月お金がピンチ！」「あんなものに使ったからなくなっちゃった」なんていう、誰にでもあるガックリ体験を味わうなら、子どもの頃のほうがいい。

その失敗パターンを認識していくことが、大人になってから役立つのではないかと考えています。

習いごとは「子どもファースト」で

何のために子どもに習いごとをさせていますか。スキルを身につける？　教養を深める？　体づくり？　子どもはそれをどんなふうに考えていますか？

私がたどり着いた結論は「習いごとはお楽しみ」です。やりたいと言ったらやらせて、やめたいと言ったらやめてOKのシンプルルールです。

将来プロになりたい希望があったり、周りがほっておけなくなるくらいの才能と情熱があるなら、お金をかけて習いごとをさせるのもいいと思いますが、どんなに貴重な体験でも、金額をいっぱいかけたところで子ども本人がやりたくないことならムダな投資に思えます。

いろいろ体験したいなら、公共施設などで自治体が開催している体験イベントがおすすめです。子どもが小さかった頃は、隣の区の広報まで確認して、興味があるものにどんどん参加していました。

乗馬体験、保育園のお友達と一緒のヒップホップダンス、絵画や工作の教室などに参加しました。自治体が主催なので、費用もお手ごろ。ほかにも美術館や博物館でも体験教室が開催されていたりします。造幣局で勲章を作っている職人さんと一緒に七宝焼の技術でネックレスを作ったり、焚き火にホイルで包んだリンゴを入れて焼きリンゴの作り方を教わったり、普段とは違う世界や人々に触れることで、子どもの好奇心を刺激できます。有名大学のボクシングサークルにも半年ほど通いました。

すべての習いごとを、子どもがやりたいと言ったら始め、やめたいと言うのにあわせてサクサクやめてきました。習いごとはともすると、子どもよりも大人の人間関係が複雑に入り交じって、やめたら悪いとか、いつの間にか大人が主役のようになってしまい負担になることも多いものです。だからこそ子どもの気持ちファースト！

子どもが心の底から楽しむことが第一で、それに飽きたらすぐやめてＯＫ、そんなふうに思いきり楽しんでいます。

子どもに貯金の楽しさを伝える

私が子どもの頃、両親は私名義で貯金をしてくれていて中学生の頃には子どもにはびっくりの額にまで積み上がっていました。それを受け継いで…というわけではないですが、私も子どものお金を子どもの名義で貯金しています。

子ども名義の貯金は私が管理しています。口座には現段階で77万円という金額が入っています。その原資になっているのは、お年玉や入学祝いでもらったお金。それから、100円とか500円とか、細かいお金であっても、子どもから「貯金しておいて」と言われたら、私は忠実に口座に入れています。

誕生日のお祝いは、子どもが小さいうちは欲しいものを買ってあげていましたが、小学校高学年からは現金にしました。私自身も同じように小学生の頃から現金でお祝いをもらっていたので、それを踏襲しています。これもたいてい「貯金しておいて」と言われます。

「1人につき10万円の（コロナの）給付金は誰のものか」という議論も耳にしましたが、私たち家族の場合は「家族それぞれに10万円ずつ各自で考える」というのが当たり前のこと。子どもの10万円は子どもの希望を聞いて大部分を貯金しました。

貯金したお金は、夏休みや年末などのタイミングで、「いくらになったよ」と子どもに報告しています。「そんなに貯まったの？」と驚かれます。

いつかは子どもが自分で管理する日もやってくるでしょう。それまでに小さな額を積み上げていくと、いつの間にか大きな額になっているという、貯金の楽しさが伝わるといいな、と思っています。

高校、大学は私立？公立？子どもにも学費について共有する

高校や大学を、私立にするか、公立にするか。これはまだ明確に決めているわけではありません。夫はできる限り頑張って、偏差値の高い学校に入ってほしいと思っているみたいです。けれど私は無理していいところに行って、ちょっと手を抜くと追いつけなくなるという焦燥感と不安に苦しんだ自分の経験から、自分の快適レベルと思える学校に行くのがいいと思っています。

そんな感じで夫婦でも意見が違うので、子どもが今後どういう選択をするか、親の考えは伝えるけどそれに従わなくてもいいというスタンスで見守っています。

子どもと学費や交通費といった必要経費についても具体的に話します。「家の近くの都立高校に行ったら、私立高校より交通費や諸々でかかる費用が安いから、

100万円あげる」と話したりもしますが、親の役割として子どもが行きたい、やりたいと申告してくれた進路に進めるよう、学費を用意しておきたいですし、お金のことも大事な知識としてしっかりと伝えておきたいと思っています。

子どもは勉強のことだけ考えていればいいという方針の人もいるかもしれないけれど、私は子どもも自分の学校生活にどれくらいかかるのか知りたいという好奇心があると思いますし、知ることは物事を多角的な視点で考えることにも役立つと思います。

部活費や給食費、授業料、さまざまなことにどれくらいお金がかかって、私立と公立はどんなふうにかかるお金に違いがあるのか。私自身が大人になってもぼんやりとして理解できずにいるところを、もう一度考えるいい機会にもなっています。

子どもの自立期に向けて

先日、三者面談があり、子どもとクラスの先生と成績や生活面についてお話ししました。すると、子どもの成績が前回よりもガクンと下がっているということでした。ジェットコースターに乗っている気分です。先生が熱く自分の将来のことを考えていこうということを語ってくれましたが、私自身は呆然とし、ちょっとイラつきもし、塾に行かなかったからかなと後悔もしました。

自分がどうして子どもの成績が下がったことにイライラするのかとも考えました。私自身は中学生の頃に成績が貼り出されて、成績が下がったらもう将来は真っ暗なのかなと不安におびえながら育ってきました。

現在は成績にこだわりすぎて偏った見方になると、自分自身の足かせにしかならないという弊害もわかるようになってきました。成績ってなんだろう、順位ってなんだろうと迷いながら子どもと向き合っています。

子どもの成績に私が一喜一憂することは大切ではない。成績がどうであれ、ただ愛情を持って接するということが、簡単なようでとても難しい。そこを大切にし続ける自分でいられるか、試されているような気持ちで暮らしています。

子どもとぶつかり合ったり、傷つけ合ったりしてしまうときに、私はいつも今の子どもの年齢だった頃の自分を思い出します。

「こんな成績」とか言う大人がかっこ悪いと思っていたこと。

成績が下がると恐怖を感じたこと。これができないと大人になって困ると言われたことは、案外そうでもなかったこと。

高校生で進学校に進み、数学が難しすぎて0点をとった日に、家の近くのバス停で、バスから降りてきた父親に偶然会ったことがあります。家までの道のりで「数学0点とっちゃった」と告白したら、「そうか」とおだやかに言われ、すごく安心できたことなどを思い出したりしています。

塾代をかけたほうがいいのか、子ども時代の自由な時間がもっといっぱいあったほうがいいのか、何にどのくらいのお金をかければ、時間をかければいいかという正解はどこに聞いてもわかりません。

成績が上がることだけが成功でもないし、「いい子」になれば成功でもないから、自分たちの状況の中で思いっきり迷って、お金を何にどれくらいかけるか、そのときごとに子どもと相談して決めていきます。

大人の思いどおりにならない時期を「反抗期」と思ってきたけれど、自分自身を振り返ってみると、親に干渉されることが苦しくなってきた中学生くらいから、親のアドバイスを聞かないで試行錯誤してきた10年くらいにも及ぶ時間は、まさに自分の「自立期」でもあったと思います。

子どもの長く大切な自立期に、きっとたくさんお金がかかるだろうと準備はしています。自分の価値観を押しつけずに子ども自身の希望を大切にすること、そして子どもも本人の希望に沿った使い方をすることを、忘れないでいたいです。

おわりに

世の中の全員が中流、という時代が
かつての日本にはあったのかもしれませんが、
今ではそんなものは幻想だと誰もが気づいているはずです。

他人と同じことをやっていれば安心、などという保証はありません。
お金のことも生き方も、誰かと比べたりせずに、
自分の軸を作ることが大切ではないでしょうか。

4万円のフルコースを食べたい人はそれでいい。
中古品でハッピーな人はそれでいい。
もちろん、みんなと一緒が安心な人もそれでいい。

誰かの意見に振り回されることなく、
自分だけの軸を持って自分だけの物語を生きるほうが
幸せなのだと私は信じています。
自分の軸を大切にすることは、
ほかの人の軸を尊重する土台になります。

自分だけの軸は自分だけの価値観と言い換えることもできます。
お互いの異なる価値観を大切にできたら素敵です。

私はものがあふれ続ける家の中を変えたくて
「本当に大切なものは何か」を考え続けた結果、
ミニマルな暮らしという自分の軸をつかみ取りました。

「お金が欲しい」「自分の時間を持って大切な人と一緒にいたい」
そんな生々しい欲求を大切にできるから、
ミニマルな暮らしを続けています。

この生き方は私の物語です。
この本を読んでくださっているあなたの生き方と私の生き方は、
全然違っていていい。
あなたにはあなただけの、大切な物語があるからです。
物語はみんな違うほうがおもしろいです。

大切なものはなんですか？
欲しいものはなんですか？

その問いかけを自分に向けて、丁寧に考え続ければ、
あなただけの軸、あなたの大切な物語は見つかります。
考え方も住んでいる環境も全然違う誰かに、
この本が少しでも役立つことができたら、私はとても嬉しいです。

最後まで読んでくださって、本当にありがとうございます！

森　秋子

森　秋子（もり・あきこ）

1979年生まれ。東京都在住。共働き主婦。夫、子どもの家族3人と猫2匹で50平米のマンション暮らし（ベランダに亀1匹）。子育てをきっかけに、時間と家事に追われる暮らしをやめたいと、ものを手放す生活を実践。時間と心に余裕ができ、自由に豊かに暮らしながら、無理せずお金がどんどん貯まる生活にシフトする。その知恵と生活のヒントを「ミニマリストになりたい秋子のブログ」で発信、人気ブログに。2019年に国立国会図書館インターネット資料収集保存事業（WARP）に保存されるブログのひとつとして選ばれる。著書に『脱力系ミニマリスト生活』『使い果たす習慣』（ともにKADOKAWA）。

ブックデザイン　岩永香穂（MOAI）
イラスト　須山奈津希
DTP　東京カラーフォト・プロセス株式会社
校正　麦秋アートセンター
編集協力　山岸南美
編集　間有希

ミニマリスト、
41歳《さい》で4000万《まん》円《えん》貯《た》める
そのきっかけはシンプルに
暮《く》らすことでした。

2021年3月3日　初版発行

著者　森《もり》秋《あき》子《こ》

発行者　青柳　昌行
発行　株式会社KADOKAWA
〒102-8177 東京都千代田区富士見2-13-3
電話　0570-002-301（ナビダイヤル）
印刷所　大日本印刷株式会社

【お問い合わせ】
https://www.kadokawa.co.jp/（「お問い合わせ」へお進みください）
※内容によっては、お答えできない場合があります。
※サポートは日本国内のみとさせていただきます。
※Japanese text only

定価はカバーに表示してあります。

ISBN978-4-04-896955-0 C0077